자기 신뢰

운명·개혁하는 인간

세계교양전집 14

자기 신뢰
운명·개혁하는 인간

랄프 왈도 에머슨 지음

공민희 옮김

올리버

랄프 왈도 에머슨Ralph Waldo Emerson

• 차례 •

Ne te quaesiveris extra.

당신 자신을 당신 밖에서 찾지 말라!

인간은 자기만의 별이다.

정직하고 완벽한 인간을 만들 수 있는 영혼은

모든 빛, 모든 영향력, 모든 숙명을 지배한다.

만사에 너무 빨리 혹은 너무 늦게란 건 없다.

행동이 곧 우리의 천사이며,

선이든 악이든 운명의 그림자가 항상 우리와 함께 걷는다.

— 보몬트와 플레처의 희곡《정직한 인간의 운명》의 에필로그에서

어린 것을 바위에 앉혀두고,

암늑대의 젖꼭지를 물려주라.

매와 여우와 함께 겨울을 나면

손과 발에 힘과 속도가 생길지니.

자기 신뢰 *Self-Reliance*

얼마 전 유명 화가가 쓴 전혀 관습적이지 않고 독창적인 글귀를 읽었다. 그런 글을 읽을 땐 주제와 관계없이 늘 문장 속 훈계의 목소리가 영혼을 울린다. 글이 서서히 주입하는 정서는 글 자체에 담긴 어떤 사상보다 더욱 가치가 있다.

자기 생각을 믿는다는 것, 자기 마음속 진실이 곧 모두에게도 진실이라고 믿는 것이 바로 천재성이다. 잠재된 확신을 입 밖으로 말하면 그것이 보편적 의견이 된다. 때가 되면 가장 깊숙이 있던 부분이 맨 바깥으로 나오고, 우리가 한 첫 번째 생각이 최후의 심판의 나팔을 울리며 가장 늦게 되돌아온다. 이처럼 마음의 목소리에 익숙해져야 하는데 모세, 플라톤, 밀턴의 가장 훌륭한 가치를 꼽으라면 그들이 책과 전통을 무시하고, 모든 인류를 대변하는 게 아닌 그들 자신의 목소리를 말했다는 점을 들 수 있다.

사람은 음유시인과 현자의 하늘빛이 아니라 자기 마음속에 피어나는 빛을 감지하고 살피는 법을 배워야 한다. 그러나 우리는 자신에게서 나왔다는 이유만으로 무의식적으로 생각을 없애버리곤 한다. 우리가 인정하는 모든 천재적인 작품은 스스로 거절한 생각에서 나왔다. 그 생각은 소외당했지만 위풍당당함을 품고 우리에게 돌아온 것이다.

위대한 예술품이 전하는 가장 큰 교훈은 이렇다. 마음의 다른 쪽에서 외치는 목소리가 들릴 때면 무엇보다 긍정적인 확고함을 가지고 즉각적인 느낌에 따라 행동하라고 말이다. 아니면, 내일 한 낯선 이가 우리가 늘 생각하고 느꼈던 것과 완전히 똑같은 것을 현명함으로 무장한 채 말할 것이고, 그렇게 자기 의견을 다른 이에게 듣는 수모를 겪고 말 것이다.

모든 사람이 질투는 무지에서 비롯되고 모방은 자살행위라고 확실히 배우는 때가 있다. 좋든 나쁘든 자신의 몫이 있다는 것도. 드넓은 우주는 선으로 가득 차 있지만 자신에게 주어진 땅을 일구는 힘든 작업을 하지 않으면 알이 꽉 찬 옥수수를 얻을 수 없다. 개인의 마음속에 자리한 힘은 자연에서 새로운 것이라 오로지 자신만이 그것이 무엇이며 어떤 걸 할 수 있는지 시도해볼 수 있고 그래야 제대로 알 수 있다.

하나의 얼굴, 한 가지 성격, 한 가지 사실이 다른 것과 달리 큰 인상을 남기는 데는 이유가 있다. 기억 속에 새겨지는 이 조각상은 미리 구성된 부분과 조화를 이루는 까닭이다. 빛 한 줄기가 떨어진 곳으로 시선이 가서 그 빛을 볼 수 있다. 그러나 우리는 스스로를 절반만 드러내며 각자가 표현하는 신성한 생각을 부끄러워한다. 균형 잡힌 좋은 화두로 안심하고 충실하게 전달할 만한 데도 말이다.

하느님은 겁쟁이를 통해서 자신의 말씀이 전해지도록 하지 않으셨다는 진리만 알아두자. 사람은 자기 일에 진심을 가지고 최선을 다했을 때 안도하고 즐거워지며, 그 반대로 말하거나 행동했을 경우 평화는 찾아오지 않는다. 구원받을 언행은 하지 않으면서 구원을 바란다고나 할까. 그 과정에서 개인이 가진 천재성이 그 사람을 버린다. 따라서 사색도 가까이할 수 없고, 새로운 발명이나 희망도 꿈꿀 수 없다.

자신을 믿어라. 모든 사람의 가슴은 이 철칙에 따라 반응한다. 신성한 섭리가 당신을 위해 마련한 공간, 당신이 사는 이 사회, 일련의 사건들과의 연관성을 받아들여라. 위대한 인물들은 늘 시대의 위대한 정신에 자신을 어린아이처럼 내맡기고 마음 깊숙이 전적으로 신뢰하고 자기 손으로 직접 일하며 모든 것을 주도해나간다는 믿음으로 살았다.

　지금 우리는 인간으로서 똑같이 초월적인 운명의 가장 고귀한 정신을 받아들여야 한다. 보호받는 모퉁이에서 약자와 병자로 숨지 말고, 혁명이 일어나기 전에 도망치는 겁쟁이가 되지 말며, 길을 안내하고, 잃은 것을 되찾고, 후원하는 이가 되어 전능하신 하느님의 노력에 복종하고 혼란과 어둠에서 앞장서라.

※

　자연이 신탁을 알려주는 방식은 매력적이다. 어린아이, 아기, 심지어 짐승의 얼굴과 행동을 통해서라니! 쪼개지고 반발하는 마음, 정서에 대한 불신은 우리의 목표와 반대되는 힘과 방식의 연산법을 미리 입력해두었기에 생기지만 아이와 동물은 그렇지 않다. 그들의 마음은 온전하고 눈은 아직 현실에 정복되지 않았기에 그들의 얼굴을 봤을 때 우리는 당황할 수밖에 없다. 영아는 누구도 따르지 않는다. 모든 것이 그에게 맞춰지기에 한 아기에게 대개 어른 네다섯이 와서 떠들고 재롱을 떨곤 한다.

　하느님은 인간을 유년기, 사춘기, 성년기로 나누고 그 자체의 짜릿함과 매력으로 무장한 동경의 대상으로서 스스로를 대변하는 주장을 미루지 않게 하셨다. 어린아이가 당신이나 나에게 말하지 않는다고 해서 어떤 힘도 없다고 생각하지 말라. 잘 들어라! 옆방에서 들리는 아이의 목소리는 충분히 분명하고 강하다. 아이는 동년배에게 이야기하는 법을 아는 듯하다. 수줍거나 대담하거나 어쨌든 아이는 우리 고령층을 쓸모없게 만드는 법을 알 것이다.

　저녁을 굶지 않을 거라 확신하는 태연함, 왕이나 할 법한 말과 행동을 보이며 사람을 구슬리는 일 따위는 하지 않는 소년의 모습은 인간 본능이 지닌 건강한 태도다. 응접실에 있는 소년은 극장에서 제일 싼 무대 맨바닥 자리에 앉아 있는 것 같다고나 할까. 독립적이고 무책임하고 자기 자리에서 지나가는 사람과 사물을 살피며 재빨리 자기 방식으로 좋고, 나쁘고, 흥미롭고, 바보 같고, 말을 잘하고, 문제가 있는지 등 가치를 살피고 판단하려 한다. 소년은 절대 어떤 결과를 얻기 위해서나 흥미 때문에 거추장스러운 일을 벌이지 않으므로 독립적이고 천재적인 판결을 내릴 수 있다. 그러니 반드시 소년의 마음을 얻어야 한다. 그가 당신의 마음을 얻으려 하진 않을 테니까.

그러나 어른은 비유하자면 자기의식이란 감옥에 들어앉은 꼴이다. 과시하려고 행동하거나 말하는 즉시 무언가에 연루되어 수백 명에게 증오 혹은 동정의 눈총을 받고 그들의 인식 한편에 얽매이는 신세가 된다. 이곳에 망각의 강은 없다. 아, 강이 있어 중립으로 돌아갈 수 있으면 좋으련만!

어디에도 책잡힐 일을 피하고 주변의 시선을 감당하면서도 자신은 꾸밈없고 선입견 없고 뇌물이 통하지 않으며 아무것도 두려워하지 않는 순수함으로 살피는 사람이야말로 항상 무시무시한 법이다. 그가 주변 일에 대해 의견을 내놓으면, 개인적인 의견이 아닌 꼭 필요한 말처럼 들려 사람들의 귀에 쏜살같이 박히며 두려움의 대상이 된다.

고독 속에 있을 때는 이런 목소리를 들을 수 있지만 세상으로 나가면서 목소리는 점차 희미하고 약해지다 사라진다. 사회 어디서나 구성원 개개인이 어른스럽게 행동하지 못하도록 방해하는 음모가 있다. 사회는 주식회사와 같아서 주주에게 돌아갈 빵을 더 챙기려고 다른 이의 자유와 문화를 포기하는 데 동의한다. 이때 구성원에게 미덕이라며 가장 많이 요구하는 부분이 바로 순응이다. 회사는 자기 신뢰를 끔찍이 싫어한다. 실재나 창의성은 필요 없고 평판과 관습을 사랑한다.

제대로 된 어른이 되고 싶다면 일반적인 관행을 따르지 않아야 한다. 불멸의 종려나무를 모으는 자는 선의라는 명목에 좌우되지 않고 선의인지 제대로 살펴야 한다. 궁극적으로 자신의 진실한 마음 말고 신성한 건 없다. 스스로 떳떳해진다면 세상도 그 권리를 인정해줄 것이다.

꽤 어릴 적에 존경받는 조언자에게 했던 대답이 떠오른다. 그는 교회의 낡은 교리를 내게 억지로 주입하려고 했다. 나는 이렇게 대답했다. "제가 전적으로 내면을 믿고 살아간다면 전통의 신성함이 저와 무슨 상관이 있을까요?" 그러자 조언자가 이렇게 말했다. "그렇지만 그런 충동은 아래에서 올라오는 것이지, 위에서 내려오는 게 아니란다." 난 이렇게 대꾸했다. "그것들이 제게 그런 식으로 보이진 않습니다. 그렇지만 만일 제가 악마의 자식이라면 전 악마의 자식으로 살아가겠습니다."

내게 본성보다 더 신성한 법은 없다. 선과 악은 그저 이름뿐이고 이것 혹은 저것으로 아주 쉽게 바꿀 수 있다. 유일하게 옳은 건 내 본성에 따라 살아가는 일이고, 유일하게 그른 건 본성을 거스르는 일이다.

옳은 사람이라면 모두가 반대하는 상황에서도 모든 걸 명목상이고 덧없는 것으로 여기며 자신의 신념대로 나가야 한다. 하지만 우리가 거대한 사회와 죽은 기관 속의 배지와 타이틀에 얼마나 쉽게 굴복하는지 참으로 부끄럽다. 그런 것 없이도 교양 있고 말 잘하는 사람은 엄청난 영향력으로 날 흔들어놓는다.

난 올곧고 활력 있는 삶을 영위해야 하고 모든 부분에서 불편한 진실을 말해야 한다. 사악함과 허영을 자선사업으로 위장했다고 넘어가질까? 늘 화가 나 있고 편견 속에 사는 사람이 노예제도 폐지를 너그럽게 받아들였다고 가정해보자. 그가 내게 찾아와 바베이도스(1834년 노예제도를 없애 미국의 노예폐지운동을 자극했다)의 새 소식을 알려주며 거드름을 피울 때 내가 이렇게 대꾸하지 말란 법이 있을까? "가서 당신 아이를 사랑해주세요. 당신네 나무 장작을 패는 하인을 사랑해주세요. 선한 마음을 가지고 겸손해지세요. 그 은총을 받으세요. 1,610킬로미터도 넘게 떨어져 있는 흑인들에게 이렇게 놀라운 애정을 보이며 당신의 가혹하고 야박한 야망을 광내려 들지 마세요. 먼 곳을 사랑하면서 집에 있는 가족을 힘들게 하지 마세요."

이런 말은 거칠고 무자비하게 들리겠지만 진실은 가식적인 사랑보다 더욱 근사하다. 당신의 선함에는 반드시 날카로운 끝이 있어야 한다. 그렇지 않으면 아무 쓸모가 없다. 사랑의 교리가 슬피 울며 칭얼거릴 때 그 반작용으로 증오의 교리를 전파해야 한다. 내 천재성이 나를 부를 때면 나는 아버지와 어머니, 아내와 형제들을 피한다.

우리 집 문기둥에 '변덕'이라고 적어놓고 싶다. 결국엔 내 행동이 변덕보다 나은 다른 무언가에서 비롯된 것이길 바라지만 설명하느라 하루를 다 보낼 수는 없는 노릇이다. 내가 왜 사람을 찾고 왜 사람을 배제하는지 일일이 다 알려줄 거라 기대하지 말라. 그리고 선한 사람이 오늘 하는 말처럼 모든 가난한 사람을 더 나은 상황으로 이끌어 줄 의무가 내게 있다고 말하지 말라. 그들이 내가 챙겨줘야 하는 가난한 사람들인가? 어리석은 박애주의자인 당신에게 말하는데, 내 가족도 아니고 내가 소속감을 느끼지 않는 이들에게는 1달러, 1다임, 1센트도 아깝다.

내게는 영적 친밀감을 통해 교류하는 사람들이 있다. 그들을 위해 필요하다면 난 감옥이라도 갈 수 있다. 하지만 당신의 잡다한 대중적 자선 행위, 바보들을 위한 대학 교육, 지금 많이들 좋아하는 허황된 목표를 위한 모임 장소 건립, 술주정뱅이에게 자선을 베푸는 일, 수없이 많은 구호단체들을 후원하는 건 싫다. 고백하기 부끄럽지만 나도 가끔은 굴복해 돈을 주기도 하는데 그 사악한 돈은 머지않아 내가 제대로 된 어른이 되면 주지 않을 것이다.

❧

　일반적으로 추정하자면 미덕은 규칙이라기보다는 예외에 더 가깝다. 사람이 있고 그의 미덕이 있다. 사람은 훌륭하다고 칭하는 것을 행하며, 일부는 용기나 관용에서 비롯되나 상당수는 일상에서 가두 행진에 참석하지 않은 걸 속죄하고자 벌금을 내는 심정으로 그렇게 한다. 자신이 살아가는 세상에 대한 사과 내지는 정상참작이라 볼 수 있는데, 병이 심할수록, 정신이상이 클수록 병원비가 많이 들어가는 이치와 비슷하다. 따라서 그들이 행하는 미덕은 속죄일 뿐이다.

　나는 속죄하길 바라지 않고 그저 잘 살고 싶다. 내 삶은 그 자체일 뿐 구경거리가 아니다. 난 화려하고 불안정한 인생보다는 조금 평범하더라도 고유하고 평등한 인생을 훨씬 선호한다. 안정적이고 달콤한 인생을 원하지, 식이요법을 하고 피를 흘리고 싶지 않다. 난 당신의 사람다움을 드러낼 수 있는 증거를 요구할 뿐 행동으로 어필하길 바라지 않는다. 훌륭하다고 여겨지는 행동을 하든 안 하든 인생에 어떤 차이도 없다는 걸 난 잘 알고 있다. 그래서 본질적인 올바름을 특권으로 행사하려 들고 싶지 않다. 난 재능이 그리 많지 않고 평범하지만 지금 여기 있다. 그러므로 자신의 확신 혹은 동료들의 확신과 같은 부차적인 증거는 없어도 된다.

난 내가 중요하다고 생각하는 걸 반드시 실천으로 옮길 뿐 다른 사람의 생각은 개의치 않는다. 실제적인 삶과 지적인 삶에서 똑같이 고된 이 규칙은 위대함과 천박함을 전적으로 구별해줄 수 있다. 다만 이 원칙을 지키기 힘든 건 언제나 당신보다 당신이 할 일을 더 잘 안다고 생각하는 사람이 나타나기 때문이다. 세상의 의견에 따라 살면 수월하다. 자신의 의견에 따라 살면 고독하기 십상이다. 그렇지만 위대한 사람은 수많은 군중 한가운데서 고독의 독립성이라는 완벽한 달콤함을 즐긴다.

※

　당신이 보기에 죽은 방식인 것들에게 순응하면 스스로의 강
인함이 흐트러지니 주의하라. 이는 당신의 시간을 잡아먹고 특
유의 성격을 퇴색하게 만든다. 당신이 죽은 교회에 다니고 죽은
성서공회에 공헌하고 여당이든 야당이든 집권 정당에 투표하고
평범한 가정주부처럼 밥상을 차린다고 해보자. 이런 가림막들 때
문에 난 당신이 정확히 어떤 사람인지 판단하기 어렵다. 제대로
된 삶을 사는 데 써야 할 에너지를 쓸모없이 너무 많이 날려버린
탓이다.

　그러나 당신만의 일을 하면 난 당신을 알게 될 것이다. 당신의
일을 하면 스스로를 강화할 수 있다. 눈먼 자의 허풍이 순응하게
만들려는 속임수라는 걸 꼭 간파해야 한다. 내가 당신의 종파를
알면 당신이 어떤 주장을 할지 예상할 수 있다. 어떤 목사는 자기
교회를 구성하는 편의주의에 관해 쓴 설교문을 읽는다고 한다.
그가 즉석에서 떠오른 새로운 말을 할 가능성이 없다는 것이 예
상할 수 없는 일일까? 그 원칙의 토대에 대해 갖은 과시를 늘어놓
으면서 새로운 방향으로 나아가지 않으리란 것이 예상할 수 없는
일일까? 그가 자신에게 허용된 부분, 즉 사람으로서가 아니라 교
구 목사로서의 단편적인 부분만을 봐달라고 간청하리란 것이 예

상할 수 없는 일일까? 그는 돈을 받고 일하는 변호사와 같고 그가 서 있는 재판석은 공허하디 공허한 가식일 뿐이다.

사실 대부분의 사람이 손수건으로 눈을 가리고 공동체의 의견에 자신을 귀속한다. 이렇게 순응하면 일부 특정 상황에서 거짓말을 하게 만드는 데 그치지 않고 모든 상황에서 거짓이 생긴다. 그런 이들이 말하는 진실은 제대로 된 진실이 아니다. 그들 입에서 나온 2는 실제 2가 아니고 그들이 계산한 4도 실제 4가 아니다. 그러므로 그들이 내뱉는 모든 말이 우리를 화나게 하고 도대체 어디서부터 고쳐야 할지 감이 오지 않는다.

그러는 사이, 자연은 우리가 속한 감옥용 죄수복을 재빨리 준비한다. 그래서 똑같은 얼굴과 몸에 차츰 똑같이 터무니없는 표정을 짓게 되는 것이다. 이는 특히 굴욕적인 경험으로 그 자체로 파탄일 뿐 아니라 역사에서도 파탄 난 실례를 찾을 수 있다. 지금 난 '가식적으로 칭찬하는 어리석은 얼굴'을 말하고 있다. 마음이 편하지 않은 상태에서 억지 미소를 장착하고 흥미롭지 않은 대화에서 대답할 때 보이는 얼굴 말이다. 근육이 곧바로 움직이지 않고 어쩔 수 없는 의도에 따라 강제적으로 얼굴 바깥부터 경직되어 보기에 썩 유쾌하지 않다.

세상은 순응하지 않는 이에게 불쾌함이라는 채찍질을 날린다. 그래서 사람은 타인의 뚱한 표정을 살피는 법을 배운다. 방관자들은 길거리나 친구의 응접실에서 미심쩍은 얼굴로 순응하지 않는 사람을 흘끔거린다. 이런 혐오가 멸시와 저항에서 비롯된 것일 경우, 당하는 사람은 슬픈 얼굴로 집으로 돌아간다. 그러나 대중의 다정한 얼굴처럼 여러 가지 뚱한 표정은 깊은 근원이 없어 바람이 부는 쪽으로, 신문이 지시하는 방향에 따라 줏대 없이 흔들린다. 대중의 불만은 상원과 대학의 그것보다 더 어마어마하다.

세상을 잘 아는 줏대 있는 사람에게 교양 계층의 분노는 견딜 만하다. 그들 계층의 분노는 예의 바르고 신중한데 그들은 나약한 자신을 드러내길 꺼리기 때문이다. 다만 그들의 다소곳한 분노에 대중의 화가 더해지고, 무지하고 가난한 이들이 봉기하고, 사회 바닥에 자리한 배우지 못한 야만적인 힘이 으르렁거리며 일어설 때면 그런 상황을 전혀 걱정 없는 하찮은 일로 만들어 버릴 관용과 종교적 습관이 필요하다.

자기 신뢰에서 멀어지도록 우리를 두렵게 만드는 또 다른 공
포는 일관성이다. 과거의 행동이나 말을 숭배하는 건 다른 사람
의 시각 궤도에 우리의 과거 행동 말고 입력할 다른 데이터를 가
지고 있지 않아서다. 게다가 우리는 그들을 실망시키길 극도로
꺼리고 있다.

　왜 계속 어깨 너머로 돌아보는가? 왜 여기 혹은 저기 대중적
인 장소에서 규정된 무언가에 위배되지 않도록 기억의 시신을 끄
집어내 가면서 애쓰는 걸까? 그리하여 자기 자신을 모순되게 만
들었다고 가정해보자. 그런 다음에는? 지혜의 규칙은 기억에 독
자적으로 의존해서는 안 된다는 것이다. 드물지만 순수한 기억의
행동일지라도 과거에서 꺼내 천 개의 현재 눈으로 가져와 판단한
뒤 새로운 날을 살아라. 형이상학에서 당신은 신에게 인격을 주
길 거부했다.

　그러나 영혼의 헌신적인 움직임이 찾아오면 거기에 마음과 삶
을 내줘야 한다. 물론 하느님의 형태와 색을 입혀야 하지만 말
이다. 요셉이 자신의 코트를 매춘부의 손에 넘기고 달아났듯 당
신의 이론을 버려라.

　어리석은 일관성은 일부 정치인과 철학자, 성직자가 추종하는

편협한 마음속 도깨비와 같다. 위대한 영혼은 일관성으로 아무 것도 하지 않는다. 오히려 벽에 드리운 그림자를 보고 자신을 걱정할 것이다. 지금 생각을 솔직하게 말하고 내일은 내일 생각한 걸 다시 솔직하게 말하면 된다. 물론 오늘 한 모든 말에 모순이 될지라도.

"아, 그러면 오해받기 십상이잖아요." 오해받는 것이 그리 나쁠까? 피타고라스도 오해받았고, 소크라테스도, 예수도, 루터도, 코페르니쿠스도, 갈릴레오도, 뉴턴도, 육신이 있는 모든 순수하고 현명한 영혼들도 다 그랬다. 위대하다는 건 오해를 동반한다는 의미다.

누구도 자기 본성을 거스를 수 없다고 나는 생각한다. 개인의 의지 표출은 그를 감싸고 있는 존재 법칙의 제약을 받는다. 비유하자면, 안데스와 히말라야의 고르지 못한 등성이가 지구의 엄청난 곡선 앞에서 맥을 못 추는 것과 같다. 어떻게 측정하고 시도하는지는 중요하지 않다. 성격이란 아크로스틱(각 시행의 첫 번째 글자를 계속 맞춰보면 단어나 어구가 되도록 짜여진 짧은 시)이나 알렉산더 대왕의 스탠자(일정한 운율적 구성을 갖는 시의 기초 단위)와 같다. 좌우로 대각선으로 읽어도 여전히 같은 단어를 알려준다.

하느님은 내게 숲속에서 즐겁게 참회하면서 살아갈 수 있도록 허락하셨다. 미래에 대한 전망도, 과거에 얽매이지도 않고 일상을 정직하게 기록할 수 있게 해주셨다. 당연히 의도적으로 그렇게 하는 것이 아니며, 그런 적도 없어서 지금의 균형을 쭉 유지할 수 있으리라 의심치 않는다.

내 책에는 소나무의 향과 곤충의 울음소리가 가득 담겨 있다. 창밖에선 제비가 부리로 물어온 지푸라기나 실 가닥을 엮어 둥지를 세운다. 우리는 우리가 무엇인지로 통해야 한다. 그리고 우리가 무엇인지는 개인의 의지 위에 있는 성격이 알려준다. 사람은 과한 행동에 의해서만 미덕이나 악덕을 파악할 수 있다고 생각하지만 그것들이 매 순간 입김을 내뿜는다는 사실은 알지 못한다.

어떤 다채로운 행동을 하든 간에 그 시간에 솔직하고 자연스러우면 합의에 도달할 것이다. 각 행동이 매우 달라 보여도 한 의지에서 나왔기에 조화로울 수 있는 이치다. 이런 다채로움은 살짝 멀리서, 조금만 생각의 고도에 올라 살피면 보이지 않는다. 한 가지 경향이 전체를 단일화한다. 뛰어난 배 한 척이 백 개의 침로를 지그재그로 항해한다. 효율적으로 거리를 두고 항로를 살피면 평균적으로 직선을 이루는 게 보인다.

당신의 고유한 행동이 그 자체를 설명할 것이고 다른 천재적인 행동에 대해서도 알려줄 테다. 순응은 아무것도 설명하지 않는다. 당신은 독자적으로 행동해야 하며 과거에 그렇게 한 행적이 지금의 당신을 판단할 근거가 된다. 위대함은 미래에 호소한다. 오늘 제대로 행동하고 남들의 시선은 무시했다고 확신할 수 있다면 지금 스스로 방어할 수 있게 아주 제대로 살아온 것이 틀림없다. 앞으로 어떻게 보일지는 접어두고 지금 똑바로 행동하자. 언제나 겉모습을 무시하면 제대로 행동하게 될 것이다. 성격의 힘은 누적된다. 과거에 보여준 모든 미덕의 건전함이 오늘에 영향을 미친다.

상원과 전쟁터 영웅들의 위풍당당함을 떠올리게 해주는 원동력은 무엇일까? 바로 그들이 거둔 승리와 위대한 날들을 우리가 자각한 덕분이다. 그 빛이 앞서나가는 행동가를 비춰준다. 그는 눈에 보이는 천사들의 호위를 받고 있다. 이것이 채텀의 목소리에 우레를 집어넣고 워싱턴의 항구에 위엄을 주었으며 미국이 애덤스의 눈에 담기게 했다.

우리가 명예를 덕망 있다고 여기는 이유는 그것이 한 번 쓰고 버리는 달력 같은 게 아니라서다. 명예는 언제나 고대의 미덕으로 남아 있다. 오늘날 이를 경배하는 건 현시대의 산물이 아니기 때문이다. 우리가 명예를 사랑하고 기리기 위해 기도하는 이유는 명예가 사랑과 존경을 구걸해서가 아니라 자기 의존적이고 주체적인 이유에서다. 명예는 설령 젊은이에게 주어졌더라도 오래 이어온 순결함을 그대로 간직하고 있다.

요즘 난 순응과 일관성에 최후가 찾아왔다는 소식을 듣고 싶다. 그 용어들이 터무니없는 소리가 되도록 놔두자. 저녁 식사를 알리는 종소리 대신 스파르타의 파이프 휘슬 소리를 들어라. 더 많이 고개 숙여 인사하거나 사과하지 말라. 어느 훌륭한 사람이 우리 집에 식사하러 오고 있다. 난 그를 즐겁게 해주고 싶다는 바람이 없다. 그가 날 즐겁게 해줄 마음으로 오길 바란다. 난 인류를 위해 이 자리에 서 있고 물론 친절하게 그리고 진실하게 그를 대할 거다.

우리는 약삭빠르게 시대에 부합하는 평범함과 그로부터 얻은 지저분한 만족감을 치욕적으로 여기고 질책해야 한다. 또한 관습, 무역, 관직에도 이런 습성이 자리 잡지 못하게 알려야 한다. 역사는 사람이 일하는 곳마다 엄청난 책임감을 가진 사상가와 행동가가 있었다는 진실을 들려준다. 진정한 인간은 다른 시대나 장소에 속한 것이 아니라 사물의 중심에 있다. 그가 어디에 있든 그곳이 자연이다. 그가 당신, 그리고 모든 사람, 모든 사물을 판단한다.

평범한 사회 속에서 우리는 타인을 보며 다른 무언가 혹은 누군가를 떠올린다. 그러나 뛰어난 인물의 성격과 실체는 다른 어떤 것도 떠오르게 하지 않는다. 그저 완전한 창조의 영역을 차지하고 있을 뿐이다. 위대한 인간은 모든 것이 가득해 모든 상황에 무관심하게 만든다. 모든 진정한 인간이 바로 근간이자 국가이고 시대다. 그를 설계하는 데는 영원한 공간과 숫자와 시간이 필요하고 후대는 가게 앞에 줄 선 사람들처럼 그의 발자취를 따른다.

카이사르가 태어났고 오랫동안 우리는 로마 제국을 겪었다. 그리스도가 태어났고 그의 천재성에 수백만 개의 생각이 자라고 뻗어나가 그의 미덕과 인간의 가능성을 돌아보게 했다. 한 제도는 한 사람의 그림자가 만든 길이다. 은둔자 안토니우스의 수도원 생활, 루터의 종교개혁, 폭스의 퀘이커파의 교리, 위즐리의 감리교, 클락슨의 노예제 폐지처럼 말이다. 밀턴은 스키피오를 '로마의 고도'라 지칭했고 모든 역사가 그 자체로 일부 두드러지고 성실한 인물의 전기 속으로 빨려 들어갔다.

사람을 안 다음 그의 가치를 알고 다른 건 발아래 놔두자. 자신을 위해 존재하는 세상에서 훔쳐보거나 훔치지 않도록 하고 자선 학교의 남학생, 얼간이 혹은 침입자의 분위기를 풍기며 몰래 숨어들지 않도록 경계하라. 길거리의 사람은 탑이나 대리석 신상神像과 맞먹을 정도의 가치를 스스로에게서 찾지 못하고 이런 것들을 보았을 때 궁색함을 느낀다. 그에게 왕궁, 조각상, 혹은 비싼 책은 화려한 마차처럼 낯설고 어색한 대상일 뿐이라 "선생님은 누구신가요?"라고 묻는 듯하다.

　　그러나 모두가 그의 것이고 그의 눈에 들길 기다리는 탄원자이자 그의 능력을 갈망하는 이들로 그의 소유품이 되길 바라고 있다. 내게도 평가를 기다리는 그림이 있다. 그 자체가 강요하는 건 아니지만 가치를 판단해주길 바라고 나도 그럴 생각이다.

　　널리 알려진 술주정뱅이 우화가 있다. 길거리에서 죽은 것처럼 술에 곯아떨어진 남자를 공작의 저택으로 데려가서 씻기고 옷을 갈아입히고 공작의 침대에 눕혔다. 그가 깨어났을 때 공작처럼 모든 격식을 갖춰 대하고 그가 정신이 나가 있었다고 확신시켰더니 그걸 믿었다는 이야기다.

　　이 이야기의 인기가 높은 건 사람의 지위를 상징적으로 잘 그

려내고 있어서다. 술주정뱅이로 살던 이가 이제 깨어나 이성을 움직이니 스스로가 사실 공작이라는 걸 자각했기 때문이다.

✤

　우리에게 독서란 탁발 행위나 아첨꾼과 같다. 역사는 거짓 상
상력으로 우리를 우롱했다. 왕국과 나라, 권력과 토지는 작은 집
에 살며 평범한 일상을 보내는 존과 에드워드보다 더 천박한 단
어다. 그러나 인생이라는 건 왕이든 평민이든 다 같다. 양쪽의 총
합이 똑같다. 왜 알프레드 왕, 스칸데르베그 왕, 구스타브 왕에게
존중을 표할까? 그들이 도덕적이라고 가정해보자. 그래서 미덕
을 잘 행했을까? 오늘 당신이 개인적으로 한 행동에 따라 위대함
이 쌓여 공적이 되고 유명한 발자취로 이어진다. 개인이 독창적
인 관점으로 행동하면 빛이 왕의 행동에서 이들 신사의 행동으
로 옮겨갈 것이다.

세상은 국민의 시선을 한 몸에 받는 왕의 지배하에 놓였다. 이 거대한 상징이 사람과 사람 사이에 유효한 상호 존중을 가르쳐주었다. 왕, 귀족 혹은 대지주가 만든 법률을 국민은 기쁜 마음으로 충성심을 발휘해 따랐고 사람과 사물에 대한 잣대를 만들어 기존의 것을 뒤집도록 허용했다. 왕, 귀족, 대지주는 자신이 받는 혜택에 돈이 아닌 명예로 보답하고 스스로 법의 대리자가 되어 모든 사람이 자신의 권리와 적합함을 자각할 수 있도록 일종의 상형문자로서 모호하나마 기능했다.

우리가 자기 신뢰의 이유를 찾을 때 독창적인 행동이 보여주는 매력이 좋은 설명이 되어준다. 믿는 사람이 누구인가? 보편적 신뢰를 토대로 한 토착 자아란 무엇일까? 시차도 없고 계산된 요소도 없고, 사소하고 불손한 행동에도 아름다운 빛을 쏘아주면서 적어도 독립성을 드러내는, 과학을 저해하는 별이 가진 본성과 힘은 무엇일까?

이 같은 물음이 우리를 천재성, 미덕, 삶의 본질인 근원, 즉 우리가 자발성 혹은 본능이라고 부르는 근원으로 이끌어준다. 우리는 이 최초의 지혜를 직관이라고 표시하고 그 밖의 모든 다른 가르침을 교습이라 부른다. 직관이라는 심오한 힘은 분석으로 갈 수 없는 궁극의 사실 너머에 있고 만물이 이곳에서 공통의 기원을 찾는다.

차분한 시간이 오면 이유는 알 수 없지만 영혼에서 존재의 감각이 사물, 공간, 빛, 시간, 사람에 의해 분산되는 것이 아니라 전부 하나가 되며 그 사물의 생과 존재 모두 같은 원천에서 나온다. 우선 우리는 존재하는 것들과 삶을 공유하고 그런 다음 그것들을 자연스럽게 출현한 것으로 보고 같은 원천에서 나왔다는 점을 잊는다.

이 지점이 생각과 행동이 분출되는 곳이다. 이 지점이 인간에게 지혜를 주는 영감의 폐라고 할 수 있으며 이는 불경과 무신론이 아니면 부정할 수 없다. 우리는 어마어마한 지성의 무릎에 누워 그 진실과 활동하는 장기들의 혜택을 받는다. 우리는 정의를 알아차리고 진실을 알아차렸을 때, 자신에게 아무것도 하지 않고 오로지 지성의 빛을 따라간다. 이것이 어디서 오는지 묻는다면, 그 원인이 되는 영혼으로 파고들고자 한다면 기존의 모든 철학이 무너진다. 그 존재나 부재가 우리가 확정할 수 있는 전부다.

모든 사람이 마음에서 우러난 자발적인 행동과 비자발적인 직관을 구별하면 비자발적 직관이 완벽한 믿음을 가능케 한다는 걸 알 수 있다. 그 표현 과정에서 실수할 수 있지만 낮과 밤처럼 논쟁할 수 없는 부류라는 걸 안다. 내 고의적 행동과 직관은 움직인다. 가장 게으른 몽상, 가장 희미하나 순수한 감정이 내 흥미와 존경심에 영향을 미친다.

생각 없는 사람들은 선입견을 표출하는 걸 의견이라고 꾸준히 주장하거나 한층 더 드러내며 모순을 보인다. 그들에게 직관과 사고의 차이는 없다. 그들은 스스로 이렇게 혹은 저렇게 보기로 정한 거라고 믿는다. 직관은 기발함이 아닌 치명성이다. 내가 직관에 따라 어떤 특성을 보았다면 내 아이들도 날 따라 보게 될 거고 시간이 지나면서 모든 인류가 그럴 것이다. 하지만 나보다 먼저 그걸 본 사람이 없을 수도 있다. 내 직관은 태양만큼 사실에 가깝다.

영혼과 성령의 관계는 아주 순수해서 그사이에 도움을 끼워 넣으려는 건 신성모독이다. 하느님은 하나가 아닌 만물에 대해 전하고자 하신다. 세상을 목소리로 채우고 빛, 자연, 시간, 영혼을 현재의 생각 중심에서부터 확산시키고 전체와 새로운 날과 새로운 창조를 이룩한다.

마음이 단순해지면 신성한 지혜를 받을 수 있고 낡은 건 사라진다. 즉 교사, 교과서, 사원은 무너진다. 마음으로 현재를 살면 과거와 미래가 현재의 시간으로 흡수된다. 사물 하나하나는 다른 것과 마찬가지로 마음과 하나가 되어 신성해진다. 만물이 그 원인에 의해 중심으로 흡수되어 우주의 기적 속에서 작고 특정한 기적들은 사라진다.

따라서 누군가 하느님에 대해 안다고 주장하면서 당신을 다른 나라, 다른 세상의 낡은 특정 어법으로 후퇴시키려 한다면 그 사람은 하느님에 대해 모른다고 생각하라. 그 충실함과 완성에 있어서 도토리가 참나무보다 더 나을까? 자신의 완숙한 형태를 불어넣은 자녀보다 그 부모가 나을까?

그런데 왜 과거를 숭배할까? 지난 수백 년은 영혼의 분별력과 고유성에 반대하는 음모자였다. 시간과 공간은 눈이 만드는 물리적인 색상일 뿐이지만 영혼은 빛이다. 영혼이 있는 곳이 낮이고 없는 곳이 밤이다. 역사는 그저 내 자아와 앞으로 되어야 할 인물에 대한 재미있는 우화와 교훈일 뿐, 그 이상이 될 능력이 없을 뿐더러 그러려다 독이 되고 만다.

인간은 겁이 많고 미안해한다. 더 이상 당당하지 않다. '내 생각에는'이나 '나는' 같은 말은 엄두도 못 내고 성자나 현자의 말을 인용한다. 풀잎이나 활짝 핀 장미 앞에서도 부끄러워한다. 내 창문 아래 핀 장미들은 전에 핀 장미를 따라 하지도, 더 나아지려고 하지도 않는다. 그냥 본래 그대로 자란다. 장미들은 오늘의 하느님과 함께 존재한다.

장미에게 시간이란 없다. 그냥 장미일 뿐이다. 존재의 모든 순간이 완벽하다. 꽃봉오리가 활짝 피기 전에 전체의 삶이 움직인다. 활짝 피었다고 삶이 더 많아지는 것도, 잎사귀가 없는 뿌리라고 삶이 모자라는 것도 아니다. 그 본성이 만족되고 그 자체로 매 순간 똑같이 자연을 만족시킨다.

반면에 사람은 미루거나 기억한다. 현재에 살지 않고 과거로 눈을 돌려 한탄하거나 주변의 풍족함에는 무심한 채 미래를 내다보려고 까치발로 서 있다. 시간을 초월해 현재의 본성과 자신 역시 살아가고 있다는 걸 깨닫기 전까지는 행복할 수도 없고 강해질 수도 없다.

이것은 평범하기 그지없는 진리다. 그러나 강인한 지식인조차 감히 하느님의 말씀을 듣지 않고 다윗, 예레미야, 바울의 말로

서 언급할 뿐이다. 그렇다고 한두 권의 책이나 한두 명의 삶에 늘 엄청난 값어치를 매겨야 하는 건 아니다. 우리는 할머니나 선생님이 한 말을 어린아이처럼 따라 하고, 자라서는 재능과 성격을 드러낼 기회를 얻은 인물을 보며 그가 한 말을 정확히 기억하려고 발버둥친다. 그 말을 한 사람이 내놓은 관점에 도달해서 이해했다면 그 말들을 기꺼이 놓아주어야 한다. 언제든 상황이 오면 그 말을 자신만의 용어로 잘 쓸 수 있을 것이다.

진실하게 살면 진실하게 볼 수 있다. 이는 강한 사람이 강해지고 약한 사람이 약해지는 것만큼 쉽다. 직관을 새롭게 가지면 기억 속에 고이 모아둔 보물을 낡은 쓰레기처럼 기꺼이 내다 버릴 수 있다. 사람이 하느님과 함께 살아가면 그의 목소리가 개울물의 졸졸거림과 곡식의 바스락거림처럼 듣기 좋을 것이다.

이 주제의 가장 높은 진실에 대해 아직 말하지 않은 부분이 있다. 쉽사리 말할 수 없는 부분일지도 모르겠다. 우리가 한 모든 말은 직관으로 이해하기에는 상당히 거리가 멀다. 최대한 근접해서 설명하자면 이렇다. 선을 가까이하며 자신의 삶을 살고 있다면 그 삶은 알려지거나 익숙한 방식에서 비롯된 것이 아니다. 따라서 다른 이의 발자취를 알아차리지 않아도 된다. 인류의 얼굴을 보지 않아도 된다. 어떤 이름도 듣지 않아도 된다. 방식, 사상, 선함이 전적으로 강하고 새로울 테니. 게다가 표본과 경험도 배제한다.

인간에게서 방법을 차용할 뿐 인간을 차용하면 안 된다. 존재했던 모든 이가 잊힌 성직자와도 같다. 그 아래 두려움과 희망이 똑같이 자리한다. 어찌 된 일인지 희망조차 저조하다. 종교적 환영을 보는 시간에도 제대로 된 즐거움도, 감사라고 부를 수 있는 느낌도 없다. 영혼이 열정을 넘어서야 비로소 정체성과 영원한 근원을 인식하고, 진리와 올바름이 그 자체로 존재한다는 점을 파악하며 만사가 잘 돌아가리라는 걸 깨닫고 침착해진다.

　엄청난 자연의 공간인 대서양, 남태평양, 여러 해나 여러 세기 같은 긴 시간들은 고려 대상이 아니다. 난 이것이 삶과 상황이라는 모든 과거에 내재했을 뿐 아니라 현재, 즉 삶과 죽음이라 불리는 것 역시 이루고 있다고 생각하고 느낀다.

삶은 살아가며 지나가는 것이 아닌 지금 이 순간이다. 휴식의 순간에 힘이 멈춘다. 힘은 과거에서 새로운 상태로 넘어가는 순간, 격차의 순간, 목표를 향해 가는 순간에 자리한다.

이 한 가지 사실을 세상이 싫어하나 영혼은 그렇게 되어간다. 그래서 과거를 영원히 분해하고 모든 부자를 가난뱅이로, 모든 명성을 수치로 만들고 성자를 악인으로 물리치고 예수와 유다를 같은 편에 둔다.

그런 다음에 왜 우리는 자기 신뢰를 떠벌릴까? 영혼이 존재하는 한 자신감이 아니라 작용이 중요해서다. 신뢰에 대해 말하는 행위는 열악한 방식으로 표출하는 데 지나지 않는다. 그보다는 지금 작용하기에 신뢰할 수 있는, 내재한 힘을 말하라. 내재한 힘에 더 많이 복종하는 사람이 날 정복하리라. 물론 그 사람은 손가락 하나도 까딱할 필요가 없을 테다.

난 영혼의 중력에 이끌려 그의 주변으로 회전할 것이다. 높은 덕을 말할 때 우리는 미사여구로 표현하길 좋아하나 아직 그 미덕이 높다는 걸 알아차리지 못했다. 원칙에 유동적으로 움직일 수 있는 한 사람 혹은 여러 사람은 그렇지 않은 모든 도시, 국가, 왕, 부자, 시인을 압도하고 주도한다.

이것이 우리가 아주 빨리 도달하는 궁극적인 사실이다. 모든 주제에서 모든 해결책은 축복받은 한 명에게 있다. 존재는 궁극의 원인의 특성으로 모든 낮은 형태에서 들어가는 정도에 의해 선함을 측정한다. 따라서 그 속에 얼마나 미덕을 가지고 있느냐에 따라 실제 사물이 형성된다. 상업, 농사, 사냥, 고래잡이, 전쟁, 웅변, 개인의 영향력이 존재와 불결한 행동의 표본으로 내가 살피는 부분이다.

보존과 성장에 있어서 난 자연에서도 같은 법칙이 적용되는 걸 보았다. 힘은 자연에서 올바름을 측정하기 위해 꼭 필요하다. 자연은 자신의 왕국에서 스스로를 도울 수 없는 건 아무것도 남겨두지 않는다. 세상의 창조와 성숙, 그 균형과 궤도, 강한 바람에 몸을 구부려 스스로 회복하는 나무, 모든 동식물의 필수적인 자원은 모두 자급자족, 곧 자기 의존적인 영혼을 품고 있다.

그렇게 모든 것이 한 곳으로 집약된다. 우리를 방황하게 놔두지 말라. 본질과 함께 집에 머물러라. 순전히 신성한 사실을 선언하면서 불청객, 책, 제도를 놀라고 망연자실하게 만들자. 하느님이 이곳에 함께 계시니 침략자에게 신발부터 벗으라고 말하라. 우리의 단순함이 그들을 판단하고, 우리 스스로가 만든 법에 복종하면서 우리의 타고난 부유함을 비롯해 자연과 운의 빈곤을 드러내도록 하라.

그러나 지금 우리는 한낱 군중일 뿐이다. 인간은 인간을 경외하면서 설 수 없고 창의성이 집에 머물며 내부의 바다와 소통하도록 강제할 수도 없으며 그저 다른 사람의 주전자에서 물 한 잔을 요구하러 밖으로 나갈 수밖에 없다.

우리는 반드시 혼자 가야 한다. 난 예배가 시작되기 전 조용한 교회에 있는 것을 좋아하고 그 시간이 그 어떤 설교보다 낫다고 생각한다. 각 구역이나 성소에 자리한 사람이 얼마나 멀리 있고 얼마나 근사하며 얼마나 순결해 보이는지! 그러니 우리는 늘 가만히 앉아 있도록 하자. 왜 우리가 친구, 아내, 아버지, 혹은 아이들의 잘못을 책임져야 하는가? 그들이 우리의 난로에 둘러앉아 있거나 같은 피를 나누었다는 이유로? 모든 사람에게 내 피가 흐르고 나에게도 모든 이의 피가 흐른다. 그렇다고 내가 그들의 무례함이나 어리석음을 따라 하지는 않는다. 오히려 그것을 부끄럽게 여긴다.

고립은 단순히 물리적이 아닌 정신적인 것, 마음을 드높이는 것이 되어야 한다. 가끔 온 세상이 사소한 일로 들볶으려는 음모로 가득 찬 것 같기도 하다. 친구, 고객, 아이, 질병, 두려움, 결핍, 자선이 동시에 옷장 문을 두드리며 이렇게 다그친다. "나와서 우리와 함께해요." 하지만 평정심을 유지하라. 혼란의 도가니에 빠져선 안 된다. 강한 자들이 날 화나게 하려고 안달하면 난 그들에게 빈약한 호기심으로 응수한다. 내가 스스로 행동하지 않는 한 누구도 내 근처에 올 수 없다. "우리는 사랑하는 것을 가질 수 있지만 욕망에 빠지면 그 사랑과 이별한다."

우리가 순종과 믿음이란 성스러움으로 곧장 올라설 수 없다면 최소한 유혹에 저항할 수 있을 정도는 되어야 한다. 전투상태로 들어가 우리 색슨족 괴물들 안에서 전투의 신 토르와 오딘을 불러오고, 용기와 지조를 깨워라. 겉만 번지르르한 이 시대에 진실을 말하면서 그렇게 해야 한다. 그 속에 환대와 애정이 들어 있는지 살피자. 더 이상 속고 속이는, 우리와 정반대인 이들에게 기대하며 살지 말라.

그들에게 말하라. "오, 아버지, 어머니, 아내, 형제, 친구여, 난 지금까지 당신의 겉모습만 보고 살아왔습니다. 지금부터 난 진실만 보고 살겠어요. 이제 영원한 법이 아닌 다른 어떤 법에도 굴복하지 않을 거라고 알려주는 바입니다. 내게 가까이 있을 수 있지만 나와 계약은 할 수 없어요. 난 부모를 부양하고 가족을 지지하고 한 아내의 순결한 남편이 되려고 애쓰겠지만 이런 관계를 반드시 새롭고 전례적이지 않은 방식으로 채우고자 합니다. 당신의 관습에 따르지 않고 반드시 나 스스로 해야 합니다. 당신을 위해 더 이상 날 굽힐 수 없어요. 그건 당신도 마찬가지입니다. 있는 그대로의 내 모습을 사랑한다면 우리는 행복해질 겁니다. 당신이 그렇게 할 수 없다면 나는 지금 이 모습대로 사랑받을 수 있는 사람이 되기 위해 노력할 것입니다. 내 취향이나 혐오를 숨기지 않을 겁니다. 심연이 신성하다는 걸 아주 확실히 믿으며 뭐든 날 즐겁게 하고 마음을 사로잡는 것에 강하게 반응하리라고 해와 달 앞에서 맹세합니다. 당신이 고귀하다면 난 당신을 사랑할 거고 그렇지 않다면 난 위선적인 흥미로 당신과 내게 상처를 주지 않을 겁니다. 당신이 진실하지만 나와 같은 진실이 아니라면 같은 무리에게 가보세요. 난 나 자신을 추구할 테니. 이기적인 방식이 아니라 겸손하고 진실하게 행할 겁니다. 우리가 얼마나 오래 거짓 안에 살았든 간에 당신의 흥미와 내 흥미, 모든 사람의 흥미가 똑같이 진실 속에서 살아야 합니다. 지금 이 말이 가혹하게 들리나요? 나와 마찬가지로 본성에 따르는 행위를 금세 좋아하게 될 것이고 진실을 따르면 진실이 우리에게 마침내 안정을 가져다줄 겁니다."

그렇지만 이로 인해 친구들에게 고통을 줄 수도 있다. 하지만 그들의 분별력을 구하기 위해 내 자유와 힘을 팔고 싶지 않다. 게다가 모든 사람이 각자 이성의 순간이 있고 완전한 진실의 영역으로 들어가고자 할 때 그들은 내가 옳다고 판단하고 똑같이 행동할 것이다.

대중적인 기준을 거부하면 사람들은 당신이 모든 기준을 거절하는 완전한 도덕 폐기론자라고 생각한다. 대담한 쾌락주의자들은 철학이라는 명목으로 자기 죄에 금박을 입힌다. 그러나 사람에겐 의식의 법이 여전히 깃들어 있다.

우리에겐 고해할 수 있는 두 곳이 있으며, 어느 쪽으로 가든 반드시 속죄해야 한다. 직접적으로 혹은 반영적인 방식으로 여러 의무를 이행하며 자신을 정화하라. 아버지, 어머니, 사촌, 이웃, 도시, 고양이, 개와의 관계에 만족하는지, 이중 누군가 당신을 꾸짖을지 생각해보라.

그러나 나는 이 같은 반영적 방식을 거부하고 스스로 용서할 수 있다. 나만의 엄격한 주장과 완벽한 기준 덕분이다. 내 기준에선 많은 직무에 소위 의무라는 명칭을 붙이는 걸 거부한다. 그 굴레에서 벗어날 수 있다면 대중적인 기준은 면제받는다. 이 법이 느슨하다고 생각하는 이가 있다면 하루라도 법을 지켜보라고 권하고 싶다.

인류의 보편적인 모티브를 벗어던지고 자기 신뢰를 최고의 자리로 올리기 위해선 진실로 신과 같은 무언가가 내면에 담겨 있어야 한다. 그런 인물은 마음이 충만하고 의지가 분명하고 시야가 또렷하며 스스로 규율, 사회, 법이 될 수도 있다. 그에게 이처럼 단순한 목표가 다른 이들에게는 강철처럼 꼭 필요한 것이리라!

만일 누군가 특별한 사회라고 부르는 현 측면을 고려한다면 그 사람은 이런 윤리의 필요성을 알게 될 것이다. 정력과 심장은 빠져나간 듯하고 우리는 겁먹고 절망해 울먹이는 이가 되었다. 우리는 진실을 두려워하고, 운명을 두려워하고, 죽음을 두려워하고, 서로를 두려워한다. 이 시대는 더 이상 위대하고 완벽한 사람을 탄생시키지 못하고 있다.

우리는 삶과 사회적 지위를 개혁할 수 있는 남성과 여성을 원하지만 대부분 본성이 파산하고 자신의 결핍을 충족하지 못하고 각자의 실질적인 능력 모든 부분에서 벗어난 야망만 품은 채 밤낮으로 계속 굽신거리며 구걸하고 있다. 우리의 살림은 구걸이고 우리의 예술, 직업, 결혼, 종교는 우리가 선택한 것이 아닌 사회가 우리를 위해 선택해준 것들이다. 우리는 강인함이 태어나는 험난한 운명의 전쟁터를 피하는 중인 방구석의 군인과 같다.

청년이 첫 사업이나 첫 직장에 실패하면 마음에 상처를 입는다. 젊은 상인이 실패하면 사람들은 그가 파산했다고 말한다. 대학에 다니는 우수한 인재가 대학 졸업 후 1년 안에 보스턴이나 뉴욕 근교 혹은 대도시에 취직하지 못하면 그가 낙담해 남은 생 동안 불평을 늘어놓아도 그와 그의 친구들은 당연시한다. 반면, 뉴햄프셔 혹은 버몬트 출신의 건장한 남성이 여러 직업에 도전하고 단체 생활을 하고 농사를 짓고 물건을 팔러 다니고 학교를 세우고 연설하고 신문 편집일을 하고 국회로 나가고 넓은 땅을 사는 등 자수성가하면 그는 도시 일반인 백 명의 가치가 있다. 그는 날마다 자신의 길을 걸으며 '전문직 공부'를 하지 않은 걸 부끄럽게 여기지 않는다. 그는 인생을 지체한 것이 아니라 이미 제대로 살았기 때문이다. 그에게는 한 번이 아닌 백 번의 기회가 있다.

스토아 철학자에게 인간의 원천을 공개하라고 촉구하라. 사람들에게 버드나무에 기대지 말고 그들 스스로 설 수 있어야 한다고 말하라. 여기에 자기 신뢰를 실천하면 새로운 힘이 생길 것이다. 그런 사람은 육신을 만드는 말 그 자체이며, 온 세상을 치유하기 위해 태어났다. 그가 우리의 연민을 부끄러워하고 자신을 위해 행동하는 순간 법, 책, 우상숭배, 관습을 창문 밖으로 던져

버릴 수 있다. 우리는 더 이상 그를 가엾게 여기지 않고 그에게 감사하며 우러러볼 것이고 그 스승은 인간의 삶을 다시 탁월하게 만들고 그의 이름을 모든 역사에 남기리라.

위대한 자기 신뢰는 모든 일과 인간관계의 혁신을 통해 이루어져야 한다고 생각하기 쉽다. 종교, 교육, 추구하는 바, 삶의 방식, 교류, 자산, 사고 관점에서 말이다.

1. 사람이 자신을 위해 기도할 수 있게 하라! 그들이 신성하다고 부르는 건 그다지 용감하고 남성답지 않다. 기도는 외부를 살피고 외부의 미덕을 통해 외부의 것을 더하고 자연과 초자연, 중재와 기적의 끝없는 미로 속에 자신을 던지는 과정이다. 모두에게 선한 것이 아닌 특정 소비재를 갈망하는 기도는 사악하다.

기도는 가장 높은 관점에서 삶의 사실을 응시해야 한다. 그러면서 의기양양해하는 영혼의 독백이다. 한 사람이 한 일이 선하다고 알려주는 건 하느님의 성령이시다. 그러나 개인적인 충족 수단으로서의 기도는 도둑질이나 다름없는 나쁜 행위다. 이원론처럼 자연과 의식이 합일하지 못한다.

사람이 하느님과 함께하는 순간 그는 더 이상 구걸하지 않을 것이다. 그리고 자신의 기도가 모든 행동이 되는 걸 볼 것이다. 무릎을 꿇고 밭에서 잡초를 뽑는 농부의 기도와 몸을 굽히고 노를 젓는 뱃사공의 기도는 값싼 목표를 가졌더라도 자연을 통해 들는 진정한 기도다. 플레처의 희곡 《본두카》에 나오는 카라타크는 아우다테 신의 속마음을 물어보라는 권고를 받았을 때 이렇게 대답했다.

"그분의 숨은 의미는 우리의 노력 안에 있습니다.
우리의 용맹이 최고의 신입니다."

거짓 기도의 또 다른 유형은 후회다. 불만족은 자기 신뢰의 결핍에서 온다. 의지가 병약하다는 뜻이기도 하다. 후회는 불행이나 그로 인해 고통받는 사람을 도울 수 있다면 그렇게 하라. 그럴 수 없다면 자기 일에 몰두하라. 그로서 이미 사악함이 없어지기 시작했다. 우리의 동정도 같은 토대에 있다. 바보처럼 울고 있는 사람 옆에 앉아 같이 울기나 하지, 그들에게 거친 전기 충격을 주어 진실과 건강을 찾고 다시금 이성으로 소통할 수 있게 하지 않는다.

운의 비밀은 우리 손안의 기쁨이라는 점이다. 신과 인간에게 언제나 사랑받는 사람은 스스로 돕는 사람이다. 그에게는 모든 문이 활짝 열려 있다. 그에게는 모든 말이 환영사이고 모든 명예가 높아지며 모든 눈이 그를 욕망하며 따른다. 그가 필요로 하지 않았기에 우리의 사랑이 그에게 가서 포옹한다. 그가 자신의 길을 따르고 우리의 반감을 신경 쓰지 않기에 우리는 걱정하고 미안해하며 그를 보살피고 축복한다. 신들이 그를 사랑하는 건 인간들이 그를 싫어해서다. 조로아스터는 이렇게 말했다. "축복받은 신들은 불굴의 인간에게 도움을 주려 재빨리 움직인다."

인간의 기도는 의지라는 병이고 그래서 그들의 교리는 지성의 병이다. 그들은 어리석은 이스라엘 사람들처럼 말한다. "우리가 죽어선 안 되니 하느님이 우리에게 직접 말씀하시게 하지 말아야 합니다. 당신이 말하고, 우리 중 누구와 말하면 우리가 복종할 겁니다." 하지만 나는 늘 내 형제에게서 하느님을 만날 수가 없다. 그가 자기 신전 문을 닫고 주로 그의 형제, 혹은 형제의 형제의 하느님에 대한 우화만 떠들어대기 때문이다.

모든 새로운 마음가짐이 곧 새로운 분류다. 로크(영국의 철학자), 라부아지에(프랑스의 화학자), 허튼(스코틀랜드의 지질학자), 벤담(영국의 철학자), 푸리에(프랑스의 사회주의 철학자)가 증명하듯 흔치 않은 힘과 실행력이 있으면 다른 사람에게도 이 분류를 적용할 수 있으니, 아! 새로운 체계가 탄생했다. 생각의 깊이에 비례해서 그것이 미치는 사물과 추종자의 수만큼 만족할 수 있다. 이는 주로 교리와 교회에서 나타나고 또한 일부 강력한 사상이 인간과 신의 관계와 의무와 같은 기본적인 개념을 분류할 수 있게 해준다. 칼뱅주의, 퀘이커파의 교리, 스베덴보리 사상을 예로 들 수 있다.

이 같은 사상의 추종자들은 새로운 용어의 모든 것에 종속되면서 큰 기쁨을 느끼는데 마치 막 식물학을 배운 여자아이가 새로운 토양과 새 계절을 바라는 양상과 동일하다. 한동안 그런 즐거움이 펼쳐지고 추종자는 자신의 지적 능력이 스승의 가르침을 살피면서 자랐다는 점을 알게 될 것이다.

그러나 추종자가 사상과 균형을 맞추지 못하면 결국 숭배라는 잘못된 길로 빠진다. 마음이란 재빨리 식지 않는 관계로 그의 눈에는 해당 체계의 벽이 먼 수평선에서 우주의 벽과 뒤섞여 보인다. 천상의 빛이 그들의 스승이 세운 아치에 매달려 있다고 착각하면서. 당신 같은 외부인이 그 빛을 볼 수 있을 거라 상상조차 못 한다. 당신이 어떻게 볼 수 있을까. "영문은 모르겠지만 당신이 우리에게서 빛을 훔쳐 간 것이 틀림없어." 그들은 체계도 없고 독점적이지 않은 그 빛이 어떤 오두막이든, 심지어 자기네 오두막 안으로도 들어갈 수 있다는 점을 인식하지 못한다.

그들이 한동안 떠들다가 스스로 멈출 때까지 놔두자. 그들이 정직하고 제대로 행동하는 사람이라면 지금은 가지런해 보이는 새 우리는 이내 너무 궁색하고 낮고, 금이 가고 기울어지며 썩고 닳아서 사라질 것이다. 그러면 새롭고 즐겁고 백만 개의 광륜과 백만 가지 색상이 있는 불멸의 빛이 첫 아침에 우주 위로 쏟아질 것이다.

2. 교육받은 미국인조차 자기 수양이 부족한 관계로 이탈리아,

영국, 이집트로의 여행을 미신처럼 맹신하고 있다. 영국, 이탈리아 혹은 그리스가 마치 지구의 축이라도 되는 듯 상상하며 매료당한다. 현실에서 여행을 가지 않으면 큰일이 나는 것처럼.

영혼은 여행자가 아니다. 현자는 집에 머물고 필요한 경우, 의무에 따라, 혹은 집 밖으로 나가야 하는 상황이 생기거나 외국에 가야 할지라도 그는 여전히 집에 머물며 자신의 얼굴을 드러내 사람들을 이해시킨다. 그는 지혜와 미덕의 선교사로서 도시와 사람들에게 자주적으로 방문하지, 침입자나 하인처럼 굴지 않는다.

예술, 학문, 자선의 목적으로 지구를 한 바퀴 도는 걸 내가 무작정 반대하는 건 아니다. 덕분에 인간이 한층 성숙해졌으니. 그러나 이미 알고 있는 것 이상의 근사한 무언가를 찾으려는 희망을 품고 해외에 나가지 않길 바란다. 즐겁기 위해서, 혹은 자신이 가지지 못한 무언가를 얻으려고 떠난 여행은 스스로에게서 벗어나는 여행이고 젊음도 낡은 것들 사이에서 늙어버리게 한다. 고대 도시 테베나 팔미라에서 그의 의지와 마음이 늙어 그곳들처럼 허물어진다. 그저 폐허에서 폐허로 옮겨 다닐 뿐이다.

여행은 바보들의 천국이다. 첫 여정에서 우리는 다른 장소라는 곳이 그저 그렇다는 걸 알게 된다. 집에서 난 나폴리와 로마를 떠올리며 도시의 아름다움에 취하고 슬픔을 잊을 수 있을 거라 생각했다. 짐을 꾸리고 친구들의 배웅을 받으며 바닷길에 올라 마침내 나폴리에서 깨어났지만 내 옆에는 내가 도망쳐 온 것들이 고스란히 함께 있다는 가차 없는 진실과 마주쳤다. 난 바티칸과 왕궁을 찾았다. 좋은 곳을 구경하고 설명을 들으며 즐거울 거라 생각했지만 그렇지 않았다. 내 거인은 내가 어디를 가든 따라온다.

3. 여행에 대한 갈망이 큰 건 지적인 행동 전체에 영향을 미치는 한층 더 깊은 불안정성의 증상이다. 지성이란 원래 방랑자와 같은 것인데 우리의 교육 체계가 그 불안함을 가중시켰다. 몸이 억지로 집에 머물러 있어야 할 때도 마음은 가만히 있지 못하고 여행을 나선다.

우리는 모방한다. 모방이란 여행하는 마음이 아닐까? 우리의 가옥은 외국 취향으로 지어져 있고 선반에는 외국 장식품이 즐비하다. 우리의 생각, 취향, 능력은 불안하게 과거와 먼 곳을 응시한다.

영혼은 번영하는 곳에서 예술을 창조한다. 예술가가 모델을 찾는 곳은 다름 아닌 마음속이다. 자신만의 생각을 사물에 적용해 만들고 조건을 살핀다. 그러니 우리가 도리아 양식이나 고딕 양식을 따라 할 필요가 있을까? 아름다움, 편의, 생각의 웅장함과 진기한 표현은 우리에게 아주 가까이 있고 만약 미국 예술가들이 희망과 사랑을 연구해 정확히 구현하려고 한다면 기후, 토양, 하루의 길이, 사람들의 요구, 습관, 정부의 형태를 살피면 될 것이다. 이 모든 것이 그 자체로 잘 들어맞고 취향과 정서 모두 만족할 수 있는 집을 지을 수 있게 해줄 것이다.

절대 모방하지 말라고 자신에게 단호하게 말하라. 매 순간 당신의 재능과 함께 평생 누적된 자신의 힘을 드러내자. 다른 이의 재능을 따라 하는 것은 그저 즉흥적인 방법일 뿐이며 절반밖에 얻지 못한다. 그러니 누구도 아닌 창조주가 가르쳐 준 대로 각자 최선을 다하라. 그것이 무엇인지는 그 사람이 드러내기 전까진 아는 사람이 아무도 없고 알 수도 없다.

셰익스피어에게 가르침을 줄 수 있는 사람은 어디에 있을까? 프랭클린이나 워싱턴, 베이컨, 뉴턴에게 지식을 줄 수 있는 스승은 어디에 있는가? 모든 위인은 독창적이다. 스키피오의 스키피오주의는 확실히 다른 데서 가져올 수 없는 그만의 것이다. 셰익스피어는 셰익스피어를 연구한다고 해서 절대 나올 수 없다. 자신에게 주어진 일을 하면 너무 많은 것을 바라거나 감히 꿈꾸지 않는다. 바로 그 순간에 페이디아스(고대 그리스의 조각가)의 거대한 끌, 이집트인들의 모종삽, 혹은 모세나 단테의 펜처럼 용기와 웅장함이 발현하는 때가 찾아온다. 이들과는 다른 자신만의 것으로.

모든 영혼이 제아무리 풍성하고, 천 개로 갈라진 혀로 말을 잘한다고 해도 스스로를 반복할 순 없다. 그렇지만 원로들의 말을 들으면 확실히 그들에게 같은 목소리 톤으로 대답할 수 있다. 귀와 혀는 하나의 자연에서 나온 두 가지 장기다. 단순하고 고귀한 인생을 살며 마음에 순응하면 다시 새 세상을 만들 수 있다.

4. 우리의 종교, 교육, 예술은 밖을 보고 있기에 우리 사회의 정신도 그렇다. 모든 인간이 사회의 발전을 뿌듯해하지만 어느 누구도 나아지지 않았다.

사회는 결코 진보하지 않는다. 다른 걸 얻는 그 순간 반대쪽은 빠르게 쇠퇴한다. 안에서 지속적인 변화가 일어나고 있다. 야만적으로 시작해 문명화되고, 기독교화되고, 부유하고 과학적이 되었다. 그러나 이런 변화는 향상이 아니다. 주어진 모든 것 중 일부만 받아들인 결과다. 사회는 새로운 예술을 얻고 낡은 본능을 잃어버렸다.

잘 차려입고 주머니에 시계, 연필, 환어음을 넣고 다니는 읽고, 쓰고, 사고가 가능한 미국인과 가진 거라고는 몽둥이, 창, 거적뿐이고 공간 구별도 없이 스무 명이 뒤엉켜 잠을 자는 오두막에 사는 뉴질랜드 원주민의 차이는 얼마나 큰가! 그러나 두 인류의 건강을 비교한다면 백인은 토착의 힘을 잃어버렸다는 걸 알 수 있다. 여행자들이 전해준 이야기가 사실이라면 커다란 도끼로 원주민을 쳐도 하루 이틀이 지나면 살이 다시 아물 것이다. 백인에게 똑같이 그런다면 그 사람은 무덤으로 직행할 것이다.

문명화된 인간은 마차를 만들었으나 대신 자기 발을 쓰는 법을 잃어버렸다. 그는 목발에 의지할 수 있지만 근육의 지지력은 부족해졌다. 근사한 제네바 시계가 생겼지만 해를 보고 시간을 가늠하는 법을 잊어버렸다. 그리니치 항해력이 있어서 원할 때 정보를 제대로 얻을 수 있지만 거리에서는 하늘의 별을 읽지 못한다. 춘분의 때를 알지 못하고 추분 또한 마찬가지다. 하늘에는 일 년 내내 밝게 빛나는 달력이 있으나, 마음속에는 아무런 시침이 되지 못한다.

공책이 기억을 대신하고 서재가 위트를 대신 쥐고 있고 보험 회사가 사고의 건수를 늘린다. 기계가 거추장스러운 게 아닌지 의구심이 들지도 모르겠다. 우리는 세련됨을 추구하느라 에너지를 잃어버린 게 아닐까? 기독교가 기관과 형태로 확립되면서 야생의 미덕이 활기를 잃어버린 건 아닌지 궁금하다. 예전엔 모든 스토아 철학자가 스토아 철학자였다. 그러나 지금 전 세계 기독교 국가에서 기독교인은 어디에 있나?

높이나 부피의 기준처럼 도덕적 기준의 편차도 더 이상은 없다. 예전보다 훌륭한 위인은 이제 나오지 않는다. 처음과 마지막 시대의 위인 사이에 한 가지 공통점이 있다. 19세기 어느 과학, 예술, 종교, 철학으로 교육시켜도 2300~2400년 전 플루타르크의 영웅들을 따라갈 수 없다. 시간이 흐른다고 인류가 발전하지 않는다. 포키온, 소크라테스, 아낙사고라스, 디오게네스는 위대한 인물이었지만 같은 수준의 인물을 남기지 않았다. 그들의 수준에 걸맞은 사람은 그들과 동류로 불리지 않고 개인의 이름으로 불릴 것이며 자신의 차례가 되어 한 분야의 창시자가 된다.

각 시대의 예술과 발명은 그저 허울에 불과하고 인간을 기운 나게 하지 못한다. 향상된 기계의 패악이 장점을 상쇄할지도 모른다. 허드슨과 베링은 어선에서 엄청난 업적을 이룩해 과학과 예술 자원으로 완전 무장한 패리와 프랭클린을 놀라게 했다. 갈릴레오는 쌍안경 하나로 후대의 그 누구보다 천체 현상에 있어 한층 근사한 일련의 발견을 해냈다. 콜럼버스는 갑판이 없는 배를 타고 신대륙을 발견했다. 불과 한두 해 혹은 몇백 년 전에 엄청난 찬사를 받으며 도입된 수단과 기기들이 정기적으로 사용 중단과 폐기를 겪는 걸 보니 흥미롭다.

위대한 천재는 본질적인 인간에게 돌아온다. 우리는 전쟁의 예술이 과학의 성취 사이에서 향상하는 걸 봐왔지만 나폴레옹이 순전한 용맹으로 돌아가 모든 도움을 거부하고 유럽을 정복한 일만큼 대단하지 않다. 황제는 완벽한 군대를 조직하기란 불가능하다고 생각했다고 역사가 라스 카사스는 말했다. "로마 관습을 모방한 우리의 무기, 잡지, 보급소 마차를 모두 버리고, 군인들이 자기 손으로 직접 옥수수를 수확하고 갈아서 자기 빵을 스스로 구우면 가능하리라."

사회는 파도와 같다. 파도는 앞으로 움직이지만 물을 구성하는 요소들은 그렇지 않다. 계곡에서 등성이로 올라가는 똑같은 입자는 없다. 통일성은 그저 현상일 뿐이다. 오늘날 국가를 이룬 사람이 내년에 죽으면 그의 경험도 함께 사라진다.

정부가 보호하는 자산에 의존하는 걸 포함해 자산에 기대는 행위 역시 자기 신뢰의 결핍에서 온다. 사람은 스스로와 사물에서 너무 오랫동안 고개를 돌려왔기에 종교적이고 학습하고 문명화된 기관을 자산의 수호자로 여기게 되었고 이에 대한 공격을 반대하는데 그건 곧 자산에 대한 공격으로 받아들이기 때문이다. 그들은 자존감을 각자가 가진 것으로 측정할 뿐, 각자가 누구인지로 판단하지 않는다.

그러나 깨어 있는 사람은 자기 본성을 새롭게 존중한다. 그리고 자산이 많은 걸 오히려 부끄러워한다. 특히 상속이나 증여 혹은 죄를 지어서 우연히 얻은 자산을 혐오하고 그건 가지지 않은 것과 마찬가지라고 느낀다. 자신의 것이 아니라고, 자신에게 기반한 것이 아니고 어떤 혁명이 벌어지거나 도둑이 가져가지 않아 그저 거기 남아 있는 것뿐이라고 하면서.

그러나 어떤 사람인지는 필연적으로 결정되는 것이다. 그가 가진 삶의 자산은 통치자, 군중, 혁명, 화재, 폭풍우 혹은 도산의 손짓에도 꿈쩍하지 않고 그 사람이 숨 쉬는 순간에 영원히 갱신된다. "당신의 삶의 몫이 당신을 따라가기에 그걸 쫓으려고 하지 말고 느긋하게 쉬어라"라고 칼리프 알리는 말했다.

낯선 것에 의존하면서 우리는 숫자에 대한 노예근성이 생겼다. 정당은 수많은 전당 대회를 연다. 중앙 홀이 클수록, 그리고 '에식스 대표단', '뉴햄프셔의 민주당', '메인의 휘그당' 하는 식으로 각각의 성명으로 함성을 지를수록 젊은 애국주의자들은 새로운 천 개의 눈과 팔 앞에서 한층 더 강해졌다고 느낀다. 같은 방식으로 개혁론자들도 대회를 열고 투표와 다수결을 행사한다.

그러나 친구여, 실상은 그렇지 않다! 하느님은 그와 정확히 반대되는 방식으로 당신에게 들어가 사신다. 사람은 모든 외부의 지원을 거절할 때 비로소 홀로 설 수 있다. 그렇게 자신을 강하고 이기는 인물로 만들 수 있다. 자신을 지지해줄 깃발을 찾아 두리번거릴 때마다 본연의 힘이 약해진다. 인간이 한낱 도시보다 더 낮지 않을까? 사람에게 아무것도 기대하지 말라. 끝없는 변이 속에서 자기 신뢰로 유일하게 견고한 사람이 기둥이 되어 주변을 전부 떠받칠 것이다.

그런 사람은 그 힘이 타고난 것임을 인지하고 스스로가 아닌 다른 곳에서 선을 찾는 행위가 나약함의 발로임을 안다. 그래서 자기 사고로 얻지 않은 것은 버리고 곧장 스스로를 고치고 우뚝 서서 자기 손발에게 명령하며 기적을 일으킨다. 두 발로 선 사람이 머리로 선 사람보다 더욱 강한 법이다.

그러니 운명이라고 부르는 모든 걸 활용하자. 사람은 대부분 운명을 가지고 도박판을 벌이고 그 바퀴가 돌아가는 사이 모든 걸 얻고 모든 걸 잃는다. 그러나 당신은 이런 불법적인 우승에서 벗어나서 하느님의 대리인인 원인과 결과와 씨름하라. 의지가 작용하고 얻어지면 당신은 기회라는 바퀴의 체인을 얻고, 이후 그 자리에 앉아 운명의 바퀴가 가져오는 두려움에서 벗어날 것이다.

정치적 승리, 임대료 상승, 질병 완쾌, 떠난 친구의 귀환 혹은 다른 좋은 일이 생기면 정신이 고양되어 좋은 날이 당신을 위해 준비하고 있다고 들뜨기 쉽다. 그런 환상을 믿지 말라. 자기 자신이 아닌 누구도 안식을 가져올 수 없다. 원칙의 성취 말고 안식을 가져올 수 있는 건 그 어디에도 없다.

운명 Fate

공기 중에 느껴지는 미묘한 징조들이

고독한 시인에게는 진정한 증인이라.

새들은 날개 위에 전조를 올리고

숨김없는 노래를 부르며

그에게 알리고 경고하네.

그래서 시인은 경멸하리라

필경사나 전령의 말을 믿는 것을.

더 큰 글 속에 암시가 있기에

아침 해가 뜰 때 그의 마음속에

저녁의 그림자가 부드럽게 내려앉네.

예언이 생겨나는 것은

암시 위에 의미가 부여되었음을 알리고

그리하여 말하길, 선견지명은

이를 창조한 천재와 같음이라.

　몇 해 전 어느 겨울, 미국 전역에서 시대 이론에 대한 논의가 한창이었다. 특이한 우연인지 유명 인사 네다섯이 보스턴과 뉴욕 시민들에게 시대정신설에 대한 담론을 각각 낭독했다. 신기하게도 같은 시기 런던에서 발표된 일부 유명 소논문과 학술지에서도 이 주제를 중요하게 다루었다. 그러나 내게 시대이론은 그 자체로 삶의 영위라는 실질적인 질문으로 바뀌었다. 어떻게 살아야 하는가?

우리는 시대의 문제를 해결하는 일에 유능하지 않다. 우리의 기하학은 널리 알려진 사상이라는 거대한 궤도를 가늠할 수 없고 그 반환점을 볼 수 없을뿐더러 반대 의견을 조율할 능력조차 되지 않는다. 그저 우리 자신의 양극성을 따를 뿐이다. 비록 거역할 수 없는 지시를 받아들여야 하지만 스스로 진로를 예측하고 선택하는 정도는 괜찮다고 생각한다.

그런데 소원을 이루기 위한 첫 단계에서 확고한 제약과 직면한다. 우리는 인류를 개혁하려는 희망에 불타올랐다. 그래서 여러 차례 실험한 뒤 더 일찍, 학창 시절에 인류 개혁을 시작해야 한다는 점을 알아냈다. 그러나 청소년기의 학생들은 고분고분하지 않아서 어떻게 해볼 수 없다. 결국 대상이 좋지 않다는 결론에 도달한다. 따라서 더 일찍, 태어났을 때부터 시작해야 가능하다. 이 말은 곧 운명 혹은 세상의 법칙이 존재한다는 뜻이다.

그런데 거역하지 못하는 지시가 있다면 그 자체로 이해해야 한다. 반드시 운명을 받아들여야 한다면 자유, 개인의 중요성, 의무의 위엄, 성격의 힘도 인정해야 한다. 이것도 사실이고 다른 것도 사실이다. 그러나 우리의 기하학은 이 극단의 지점을 포용하고 일치시킬 수 없다.

그렇다면 어떻게 해야 할까? 각각의 사고에 반복적으로 솔직히 복종하거나 최대한 부분별로 살피며 결국 그 힘을 익힐 수밖에. 다른 사상에도 마찬가지로 복종해 그쪽의 생각을 배우고 나서야 비로소 조화를 이루는 합리적인 희망이 찾아올 것이다. 비록 방법은 알지 못하지만 필요는 자유, 세상은 개인, 양극성은 시대의 정신과 결합한다고 나는 확신한다. 시대의 수수께끼는 개별적인 해결책을 가지고 있다.

자신의 시대를 살피는 사람이라면 인간 삶에 속한 주요 주제를 하나씩 검토하면서 긍정적인 경험과 정반대인 경험까지 전부 파악해 보자. 그러면 진정한 제약이 무엇인지 드러날 것이다. 한 부분에 너무 치우치는 문제를 해결하면 균형이 제대로 잡힌다.

이 시점에서 솔직하게 말해보자. 사실 우리 미국은 천박하기로 악명 높다. 위대한 인물, 위대한 국가는 허풍쟁이와 어릿광대가 아닌, 삶의 공포를 받아들이고 거기에 사람답게 맞서는 지각자들로 이루어진다. 자국을 곧 종교로 여긴 스파르타인은 의구심 없이 왕 앞에서 목숨을 바쳤다. 세상에 태어난 순간 자기 운명이 철로 만든 잎사귀에 적힌다고 믿었던 튀르크족은 완전한 자기 의지로 적의 칼날 앞으로 뛰어들었다. 이렇게 튀르크족, 아랍인, 페르시아인은 예정된 운명을 받아들였다.

이틀 동안 자신의 무덤에서 도망치려고 해도 소용없으리.
그 이틀이란 바로 정해진 날과 그렇지 않은 날이라.
정해진 날에는 어떤 약도, 의사도 당신을 살릴 수 없고
정해지지 않은 날에는 우주도 당신을 죽이지 못하리.

운명의 바퀴 아래서 힌두교인은 흔들림이 없다. 지난 세대 우리의 칼뱅주의자들도 똑같은 존엄성을 가졌다. 그들은 각자의 자리에 머물게 하는 우주의 무게를 느꼈다. 그러니 어쩔 수 있을까? 현자는 말이나 투표로 결정할 수 없는 무언가가 마치 끈과 벨트로 묶어 놓은 것처럼 세상과 엮여 있다고 느낀다.

모든 걸 관장하는 운명이
세상 전부를 실행하고
하느님이 알려주신 곳에 전달하니
그 힘은 아주 강하다.
비록 세상이 만사에 대해
옳다 그르다로 반발할지라도
운명은 천 년 동안 없었던 일을
하루아침에 생기게 만든다.
확실한 건 이곳에서 우리의 바람이
전쟁이나 평화, 증오 혹은 사랑이든 관계없이

모든 걸 결정하는 분은 하늘에 계신다는 이치다.

- 제프리 초서, 〈기사의 이야기〉 중에서

그리스의 비극도 같은 감성을 표현한다. "아무리 피하려고 해도 운명은 어떻게든 개인의 인생에 자리 잡을 것이다. 그러니 제우스의 위대하고 엄청난 마음을 넘어서려고 해선 안 된다."

야만인들은 한 부족 혹은 마을의 토착신을 숭배했다. 그리스도와 관련된 방대한 종교적 지식이 이들 부족에게는 곧장 편협한 마을 신학 형태로 자리 잡아 선택받은 자와 그렇지 않은 자를 나누고 선택받은 자에게만 구원이 미칠 것이라고 알렸다. 그리고 융 스틸링이나 로버트 헌팅턴처럼 상냥한 인물들은 가치가 없는 섭리를 믿으며 배고픈 선한 자가 누군가의 문을 두드릴 테니 그를 위해 50센트를 남겨 두라고 말한다.

그러나 자연은 감상주의자가 아니라서 우리에게 수표를 주거나 먹여 살리지 않는다. 우리는 세상이 매정하고 거칠어 남성이나 여성이 익사하든 말든 배를 먼지 한 톨처럼 삼킬 수 있다는 사실을 반드시 알아야 한다. 추위는 사람을 가리지 않아 피가 얼어붙고 발이 무감각해지며 사과처럼 육신을 얼려버린다. 질병, 비바람, 운, 중력, 번개 역시 사람을 존중하지 않는다. 섭리의 방식은 살짝 무례하다. 뱀과 거미의 습성, 호랑이를 비롯해 다른 무시무시한 포식자가 달려들어 물어뜯는 모습, 아나콘다의 똬리에서

먹이의 뼈가 으스러질 때 나는 소리도 이 체계 속에 있고 우리의 습성도 동물들과 같다.

당신이 막 식사를 마쳤다고 가정하면 도축장이 얼마나 멀리 떨어져 있든 당신도 이 학살에 공모했다는 사실을 부정할 수 없다. 이 말은 즉 다른 종의 희생이라는 비싼 대가를 치르며 삶을 이어가는 인간의 운명을 보여주는 셈이다. 행성은 혜성의 충격을 받기 쉽고 다른 행성과 연동되어 있으며 지진과 화산 폭발, 기후 변화 및 춘분점 세차가 생길 수 있다. 숲이 사라지면 강이 마른다. 바다는 해저면을 바꾼다. 마을과 도시가 그 아래로 떨어진다. 리스본에서 지진이 일어나 사람들이 파리떼처럼 무수히 죽어 나갔다. 나폴리에서는 지진으로 10,000명이 몇 분 만에 으스러져 버렸다. 바다에서의 괴혈병, 서아프리카, 카엔, 파나마, 뉴올리언스 등지에서의 기후 변화라는 칼날이 인류를 대량으로 학살했다.

미국 서부 대초원은 열병과 학질로 몸살을 앓았다. 여름 내내 울던 귀뚜라미가 어느 날 밤 온도가 떨어지며 내린 서리에 잠잠해지듯 콜레라와 천연두는 일부 부족에게 치명적이다.

한 나방에 붙어 있는 기생충 종이 얼마나 많은지, 장내 기생충이 얼마나 번식하는지, 적충류 혹은 세대를 걸러 나오는, 아직 알려지지 않은 바이러스 등 당장 걱정하지 않아도 될 부분은 잠시 제쳐둔다고 해도 상어, 놀래기, 농어 아가리에 달린 톱니 같은 이

빨들, 범고래의 치명적인 무기, 바다에 숨은 다른 전사들이 자연 속 흉포함을 여실히 알려준다.

이런저런 말로 흉포함을 부정하지 않도록 하자. 섭리는 거칠고 험하고 끝을 알 수 없는 길로 이어지니 이 거대하고 혼합된 매개를 눈가림하거나 신학생처럼 깔끔한 셔츠와 흰 넥클로스로 치장해 무시무시함을 지우려고 해봐야 소용없다.

인류를 위협하는 재앙은 예외적이니 매일 대재앙을 걱정하며 살 필요가 없을 거라고 말할 텐가? 하지만 한 번 일어난 일이 다시 일어날지도 모르고 이런 타격을 우리가 막아내지 못하는 한 그걸 두려워해야 마땅하다.

그러나 이런 충격과 폐허는 우리의 일상에 영향을 미치는 다른 법칙의 은근한 힘과 비교했을 때 파괴력이 덜하다. 수단의 대가로 목적을 희생하는 것이 운명이다. 신체가 성품을 억압한다. 야생동물의 척추 형성과 힘이 해당 동물을 구성하는 운명의 책이 된다. 새의 부리, 뱀의 두개골이 포악한 한계를 결정한다. 이는 종, 기질의 범주도 마찬가지고 성별과 기후, 특정 방향으로 생명력을 제한하는 재능의 반응도 그렇다. 정신이 육체라는 집을 만들지만 그 뒤에는 집이 정신을 속박한다.

　　어리석은 이들도 전체적인 경계를 알아볼 수 있다. 그렇게 따지자면 마부를 골상학자라고 해도 좋다. 그는 돈을 확실히 받아낼 수 있는지 파악하고자 손님의 얼굴을 살핀다. 볼록한 이마가 하나의 특성을 알려준다. 불룩 솟은 배는 또 다른 특성이고 가늘고 찌푸려진 코, 떡진 머리, 피부색이 성격을 드러낸다.

　　사람은 각자 단단한 신체 조직 안에 갇혀 있다. 스푸르츠하임(독일의 골상학자), 의사들, 케틀레(벨기에의 통계학자)에게 물어보라. 기질이 무엇을 결정하느냐고? 아니, 기질이 결정하지 않는 것이 하나라도 있는 걸까? 네 가지 기질에 관해 쓴 의학서적의 설명을 읽으면 당신은 미처 말하지 못한 머릿속 생각이 적혀 있다고 여길 것이다. 무리에서 검은 눈동자가, 파란 눈동자가 각기 어떤 역할을 하는지 찾아보라. 인류가 어떻게 조상에게서 벗어날 수 있으며, 아버지 혹은 어머니에서 물려받은 핏속에 들어 있는 사악한 기질 한 방울을 어떻게 뽑아낼 수 있을까? 가계도의 경우 조상의 모든 자질이 마치 여러 병에 나누어 들어 있는 것 같다. 일부가 그 집안의 아들 혹은 딸의 자질을 결정하고 가끔은 기질이 혼합되지 않고 가계의 악덕이 온전한 농축액 그 자체로 한 개인에게 몰려 다른 구성원이 상대적으로 안심하는 경우도 있다.

가끔 우리는 친구의 표정이 바뀔 때 그의 어머니나 아버지, 혹은 먼 친척의 모습이 친구의 눈동자에 드러나는 걸 볼 때가 있다. 시간대를 달리해서 한 사람에게 조상 여럿의 개별 특성이 드러나기도 해서 마치 한 피부 속에 최소 7~8명이 사는 것 같기도 하다. 그렇게 그들은 개인의 인생이라는 새로운 곡에서 다양한 음표를 구성한다.

길모퉁이에서 얼굴 각도, 안색, 눈동자의 깊이를 통해 지나가는 사람들의 가능성을 살필 수도 있다. 사람의 혈통이 이를 결정한다. 사람은 어머니가 만든 산물이다. 당신도 어쩌면 리넨 직조기가 왜 캐시미어를 짜지 않는지 의구심을 품고, 엔지니어가 근사한 시를 쓰고 증권 중개인에게 화학적 발견을 해내기를 기대할지 모른다. 하지만 도랑을 파는 인부에게 뉴턴의 법칙을 설명하라고 요구해도 소용없다. 아버지에게서 아들로 백 년간 지긋지긋

한 가난이 이어져 그의 뇌 속 괜찮은 조직은 과도한 육체노동에 이미 망가진 상태일 테니.

인간이 어머니의 자궁에서 나왔을 때 재능의 문은 그의 뒤에서 닫힌다. 손과 발을 소중하게 여기더라도 그에게는 한 쌍만 있을 뿐이다. 그렇게 그에게는 하나의 미래만 있다. 이미 뇌엽에 결정되어 있으며 작고 뚱뚱한 얼굴, 쑥 들어간 작은 눈, 땅딸막한 몸에 기록돼 있다. 세상 모든 특권과 법을 가져온다 한들 그를 시인이나 왕자로 만들 수 없다.

예수님은 "여자를 보고 음욕을 품는 자마다 마음에 이미 간음하였느니라"라고 말씀하셨다. 그러나 남성은 동물적인 잉여성과 생각의 결함으로 구성되어 있으므로 여성을 쳐다보기도 전에 이미 간통을 범한 셈이다. 길거리에서 남성을 만난 여성, 혹은 여성을 만난 남성은 서로의 피해자가 될 때 직감적으로 느낄 수 있다.

어떤 남성은 소화와 성행위가 생명력을 갉아먹어서 기력이 약해진다. 이런 자잘한 벌의 웅얼거림이 잦아들수록 벌집에는 이롭다. 나중에 그들이 어떤 훌륭한 개인에게 생명을 주고 새로운 목표를 이룰 만한 힘과 그걸 해낼 완전한 기관까지 함께 준다면 모든 조상은 기꺼이 잊혀도 좋다. 아쉽지만 대부분의 인간은 주로 한 관계에서 그치므로 훌륭한 개인이 탄생할 확률이 높은 건 아니다.

그러다 간혹 한 사람의 뇌에 새로운 세포 혹은 비밀결사단이 생겨나 건축, 음악, 철학적 재능을 발휘한다. 일부는 꽃, 화학, 염료, 스토리텔링에 대한 취향 혹은 재능을 가지고 있고, 그림을 잘 그리는 손, 춤을 잘 추는 발, 먼 여정을 갈 수 있는 건장한 신체 등도 있다. 이런 능력이 자연 속 서열을 바꿀 순 없지만 시간을 소비하고 전처럼 센세이셔널한 인생이 이어지게 해준다.

결국 이 같은 전조와 경향이 한 사람 혹은 이어지는 세대에 각인된다. 이 세대는 각자 엄청난 음식과 힘을 흡수해 그 자체가 새로운 중심으로 부상한다. 새로운 재능이 아주 빠르게 생명력을 빨아들이는 통에 동물적 기능에 쓸 양이 충분하지 않아 건강을 위협한다. 그래서 다음 세대에 천재 같은 이가 태어나면 건강이 눈에 띄게 열악하고 생식능력이 제 기능을 못 한다.

사람은 도덕적 혹은 물질적 편견을 품고 태어난다. 한배에서 난 형제도 운명이 서로 다르다. 프라우엔호퍼나 카펜터 박사라면 확대경으로 나흘 된 배아를 들여다보며 이쪽은 휘그당, 저쪽은 자유토지당이라고 구별할지도 모른다.

운명이라는 이 거대한 산을 들어 올려 인종의 압제를 자유와 조화하려는 아름다운 시도를 두고 힌두교 신자들은 이렇게 말한다. "운명은 그저 과거 존재가 저지른 행위의 결과일 뿐 아무것도 아니다." 나는 "우리는 모두 태초부터 지금까지 쭉 이어온 존재로 그 누구도 시대에 맞춰 새롭게 등장하지 않았다는 느낌이 들 때가 있다"라는 셸링의 대담한 발언에서 동양과 서양식 추정의 양극단이 우연히 일치하는 걸 보았다. 이 심오한 말을 좀 더 구체화하자면 개인의 역사는 늘 그의 상황과 관련이 있고 그가 바로 현재의 유산이다.

미국 정치의 많은 부분이 생리적이다. 이따금 젊음의 절정에 있는 부유한 인물이 가장 큰 자유의 교리를 채택한다. 영국에서는 늘 돈과 인맥이 엄청난 사람이 있고, 건강한 젊은 시절에는 진보의 편에 서 있다가 늙으면서 보수적으로 바뀐다. 모든 보수주의자는 그런 개인적 결함을 가지고 있다. 그들은 사회적 지위나 천성에 따라 눈이 멀거나 나약하게 태어나 부모의 과잉보호 속에서 자라 병자처럼 수동적으로 행동할 따름이다. 그러나 강인한 본성을 가진 사람들, 시골뜨기들, 뉴햄프셔의 거인들, 나폴레옹, 버크, 브로엄, 웹스터, 코슈트 같은 인물은 생명의 불씨가 꺼져가 장애와 통풍, 중풍과 금전 등으로 괴롭힘을 받기 전까지는 애국자로 살았다.

가장 강한 사상은 다수와 국가, 가장 건강하고 강한 이들에게 구현된다. 어쩌면 선거는 파운드법에 따른 무게 단위에 의해 이루어지는 것일 수도 있다. 가령 어떤 도시의 정치적 균형을 파악하고자 휘그당과 공화당 100명을 건초용 저울에 올리면 확실히 어떤 당이 우세인지 알 수 있을 것이다. 대체로 시 행정위원 혹은 시장 혹은 시 의원을 저울에 올리는 쪽이 투표를 가장 빨리 끝내는 방법이다.

과학에서 우리는 두 가지, 즉 힘과 환경을 고려한다. 연구가 계속되었으나 우리는 달걀이 그저 또 다른 달걀이 된다는 것밖에 알지 못한다. 500년이 흘러 더 뛰어난 관찰자나 더 나은 돋보기가 나와도 마지막 발견과 달라지는 점은 없다. 식물과 동물의 세포조직도 마찬가지고 주된 힘이나 경련이 일어나는 곳은 여전히 소낭, 즉 알 모양 세포 주머니다. 그렇다, 참으로 독재적인 환경이다!

오켄은 새로운 환경에서 어둠 속에 자란 소낭은 동물이, 빛에서 자란 소낭은 식물이 되었다고 주장했다. 모체동물에 자리한 소낭은 그 속에서 기적과 같은 능력을 발휘해 변화를 시작하고 물고기, 새 혹은 네발짐승이 되고 머리와 발, 눈과 발톱이 생긴다. 그러므로 환경이 곧 자연이다. 자연에는 당신이 마음대로 할 수 있는 부분도 있지만 그렇지 못한 부분도 많다. 그러니 우리 인간에게는 두 가지, 곧 환경과 삶이 있는 셈이다.

한때 우리는 적극적인 힘이 전체라고 생각했다. 지금은 소극적인 힘, 혹은 환경이 절반을 차지한다는 걸 안다. 자연은 두꺼운 두개골, 탈피하는 뱀의 가죽, 육중하고 돌 같은 턱을 지닌 독재적인 환경이며 폭력적인 방향으로 꼭 필요한 행동을 해나간다. 트

랙 위에서는 강하지만 거길 벗어나면 아무것도 할 수 없는 기차나 얼음 위에서는 씽씽 날지만 땅에서는 맥을 못 추는 스케이트가 바로 자연의 모습이다.

자연의 책이 곧 운명의 책이다. 자연의 어머니는 거대한 페이지를 잎사귀 별로 넘기고 절대 앞 장으로 돌아가지 않는다. 그녀가 잎사귀 한 장을 내려놓으면 그것이 화강암층이 되고 천년이 흐르면 점판암층이 생긴다. 천년의 나이를 더 먹으면 석탄층이 생기고 이회토와 진흙층도 보인다. 그리고 식물 형태가 등장한다. 자연의 첫 기형적 생물인 식충류, 삼엽충류, 어류가 나오고 그다음에 예상치 못한 형태의 거대 파충류가 등장해 미래상을 가늠하기 어렵게 만들었다. 자연은 이 거치적거리는 괴물 아래 근사한 미래 왕의 모습을 감춰두었다. 지구의 표면이 서늘하고 건조해지면서 종이 개량되고 인간이 태어났다. 그러나 종은 수명을 다하면 다시 태어나지 않는다.

세계 인구는 어떤 조건에서 봤을 때 최고는 아니지만 현재로선 최선인 상태다. 부족의 규모와 한 부족이 쟁취한 승리라는 안정성과 다른 부족의 패배는 지층이 차곡차곡 쌓이는 원리와 같다.

우리는 역사 속에서 인종에 어느 정도 무게가 실렸는지 안다. 영국인, 프랑스인, 독일인이 미국과 호주의 모든 해변과 시장에 자기 인종을 심어두고 이들 국가의 상업을 독점하는 걸 봐왔다.

우리 앵글로 색슨족은 까탈스럽고 호전적인 습성을 이어가고자 한다. 유대인, 인디언, 흑인의 전철 덕분에 유대인 말살 정책이 얼마나 헛된 일이었는지 알고 있다. 경솔하고 불만 가득한 작가이나 날카로움과 강렬한 진실을 담은 녹스의 저서《인종 : 그 파편에 대한 단상》에 드러난 불쾌한 결론을 보라. "자연은 순종을 존중하지, 혼종을 원하지 않는다." "모든 종은 자체 서식지가 있다." "종이 서식지에서 벗어나면 퇴화한다." 사진 속 그늘을 살펴야 한다는 점을 잊지 말자.

흑인과 마찬가지로 독일인과 아일랜드인 수백만 명 역시 각자 운명에 구아노(바닷새의 배설물이 바위 위에 쌓여 굳어진 덩어리) 같은 퇴적물이 쌓여 있다. 그들은 배를 타고 대서양을 넘었고 마차로 미국 전역으로 가 도랑을 파고 악착같이 일해 옥수수 대량 생산을 가능케 했지만 인생을 꽃피우지 못한 채 초원의 푸른 잔디 아래 묻혔다.

이 강력한 속박에 한 다발을 더하자면 통계학이라는 새로운 과학이 있다. 표본집단의 수치가 충분히 광범위할 경우 가장 즉흥적이고 특이한 사례도 고정 산술 문제로 계산할 수 있다. 나폴레옹 보나파르트와 같은 대장, 제니 린드와 같은 가수 혹은 보디치와 같은 항해사가 보스턴에 태어날 거라 장담하는 건 경솔하나 2천만 혹은 2억 명 인구라면 어느 정도 정확성이 확보된다.

특정 발명 일자를 현학적으로 단정 짓는 건 성급한 행위다. 그 하나를 위해 50번도 더 넘게 시도하고 또 하는 과정이 있었기 때문이다. 인간이 최고의 기계고 그에게서 비롯된 변형품은 그저 장난감 모델에 지나지 않는다. 인간은 위급 시에 필요한 만큼 자기 체계를 복제하거나 모방해 자신을 지킨다.

호메로스, 조로아스터, 혹은 메누가 확실히 누군지 찾을 수 없다. 투발 카인, 불카누스, 카드모스, 코페르니쿠스, 푸스트 혹은 풀턴처럼 진짜 발명가를 찾는 일도 여전히 힘들다. 그런 사람이 수십, 수백 명이나 있으니까.

"공기 중에 사람이 가득하다"는 표현은 이런 재능이 아주 풍부하고 각자의 효용성도 뛰어나 마치 공기 속의 원자에 달라붙어 있는 것처럼 흔하다는 의미다. 우리가 쉬는 숨에 보캉송, 프랭클린, 와트가 들어 있다고 해도 과언이 아니다.

분명히 백만 명마다 천문학자, 수학자, 희극시인, 신비주의자가 있을 거다. 코페르니쿠스, 뉴턴, 라플라스는 새로운 인간 혹은 신인류가 아니다. 탈레스, 아낙시메네스, 히파르코스, 엠페도클레스, 아리스타르코스, 피타고라스, 오이노피데스가 이미 그들이 등장하길 예고했다는 점을 모른다면 천문학의 역사를 읽었다고 할 수 없다. 이들은 모두 고도로 기하학적인 두뇌를 가지고 계산과 논리를 제대로 이해했으며, 세상의 움직임에 정신을 접목했다.

로마 시대에 만들어진 단위 마일은 자오선의 각도를 측정한 걸 바탕으로 했다. 이슬람교도와 중국인은 우리가 윤년으로 알고 있는 그레고리력과 분점의 선행을 알았다. 뉴베드퍼드로 들어온 진줏빛 조개 화폐에 주황색 껍데기가 하나씩 끼어 있듯 앞으로 1억 2천만 명의 말레이인과 이슬람인 중 한둘은 천문학자의 두뇌를 갖고 태어날 것이다. 대도시에서 가장 평범한 일은 평범하기에 아름답다. 아침마다 제빵사가 시간을 어기지 않고 머핀을 내놓듯 일상적으로 생긴다. 《펀치》는 일주일에 한 번씩 근사한 농담을 선보이며, 신문은 날마다 좋은 소식을 제공하기 위해 노력한다.

억압의 법칙은 적게 작용하는 것이 아니라 위법한 기능에 대한 벌칙으로 행해진다. 기아, 발진 티푸스, 서리, 전쟁, 자살, 뒤떨어진 인종은 반드시 세상의 체계 속 계산할 수 있는 부분으로 인식해야 한다.

산에서 떨어진 자갈이 우리 인생에 장벽이 있음을 말해주고 베틀이나 방앗간에서 볼 수 있는 일종의 기계적 정확성에 따라 우리가 평범 혹은 우연이라고 생각하는 사건이 일어난다.

이런 경향의 급류에 저항하는 인간의 힘은 아주 보잘것없어서 수백만의 충격 아래 하나의 작은 소수가 제시한 비난 혹은 반대에 불과하다. 마치 심한 폭풍우에 갑판에서 파도와 사투를 벌이며 이리저리 휩쓸리는 사람의 모습 같다. 다들 서로를 흘끔거리며 방법을 모색하지만 해줄 수 있는 거라곤 없다. 각자 홀로 계속 물 위에 떠 있을 수밖에. 눈빛을 번득일 권리는 있지만 나머지는 모두 운명에 달렸다.

세상의 중심에 우리가 일군 정원에서 삐죽 튀어나와 있는 이 현실을 우습게 여겨선 안 된다. 이렇듯 끔찍한 사실을 인정하지 않는 인생에 진실성이란 없다. 사람의 힘은 필연적으로 생기는데 여러 차례 시도를 거쳐 모든 면을 만져본 뒤에야 둥근 모양이라는 걸 깨닫는 것과 마찬가지다.

자연 전체에 흐르는 요소로 우리가 일반적으로 지칭하는 운명은 우리에게는 제약으로 알려져 있다. 무엇이 우리를 제약하든 그걸 운명이라고 부른다. 우리가 야만적이고 잔혹하면 운명도 야만적이고 끔찍한 형태를 만든다. 운명이 나아지면 우리 모습도 한층 근사해진다. 영적 문화를 이끌어 낼 경우, 적도 정신적 형태를 취한다. 힌두교 우화에서 비슈누는 마야를 따라 곤충에서 시작해 가재, 코끼리에 이르는 차츰 커지는 변화를 고스란히 겪었다. 그녀가 어떤 모습으로 변하든 그는 그 종의 남성형이 되었고 마침내 그녀가 여성이자 여신이 되었을 때 그는 남성이자 신이 되었다. 영혼이 정화하면서 제약이 나아지나 필연의 굴레는 늘 위에 도사리고 있다.

노르웨이 천국의 신들은 강철과 산의 무게로도 펜리르 늑대를 구속할 수 없었다. 그 늑대가 강철을 부수고 산을 발로 차버렸기에 신들은 펜리르의 발에 비단이나 거미줄보다 더 부드러운 띠를 둘렀고 그렇게 야수를 포획했다. 늑대가 발버둥을 칠수록 띠가 더 단단히 옭아맸다.

운명이란 굴레도 이처럼 부드러우면서 동시에 단단하다. 브랜디, 넥타, 유황 에테르, 지옥불, 이코르(그리스 신화에서 신들의 체내에 흘렀다는 영묘한 액체), 시, 천재성도 이 굴레를 벗을 수 없다. 생각 자체가 운명 위에 있지 못할지라도 시인들이 쓰는 방식대로 운명을 고차원적으로 다루자. 다만 고차원적인 생각도 영원의 법칙을 따라 움직이기에 그 속에 품은 상상과 주장이 아무리 강할지라도 운명 속 본질에 상반된다면 그 빛을 잃는다.

그리고 마지막으로, 사고보다 높이 있는 도덕의 세계에서 운명은 징벌자로 등장해 높은 걸 낮추고 낮은 걸 높이고 인간의 정의를 요구하며 정의가 이루어지지 않을 때 늦지 않게 등장한다. 덕분에 유익함은 오래 가고 해로움은 사라진다.

그리스인들은 이렇게 말한다. "행동가는 반드시 고통받는다. 달랠 필요가 없는 여신을 달래려고 하기에."

웨일스의 삼제시에선 "하느님은 사악한 자를 위해 선을 구하지 않는다"고 적었다.

스페인 시인은 "하느님은 동의할지 모르지만 잠시뿐이다"라는 어록을 남겼다.

이렇듯 운명이 주는 제약은 인간의 어떤 통찰로도 극복할 수 없다. 최후이자 가장 높은 지점에서 통찰과 의지의 자유는 굴복하는 구성원에 불과하다. 그러나 너무 방대하게 일반화해서는 안 되며, 자연스러운 경계 혹은 꼭 필요한 구분을 지키며 다른 요소에도 공평하게 행하려고 노력해야 한다.

＊

    이렇게 하여 우리는 사물, 정신, 도덕 속 운명을 살피고 인종, 지층의 느린 퇴적, 사고, 성격 안에서 운명을 추적했다. 운명은 사방에 걸쳐 있거나 제약을 부여한다. 그러나 모든 운명은 대상인 주인이 있고 운명의 제약은 그에게만 해당된다. 위에서 보는 것과 아래에서 보는 것, 안에서 보는 것과 밖에서 보는 것이 다르다.

    운명도 엄청나지만 이중 세상의 다른 요인인 힘도 어마어마한 건 마찬가지다. 운명을 따르고 힘을 제약하면 힘이 나타나서 운명을 적대시한다. 우리는 반드시 운명을 자연사로 존중해야 하나, 자연사 그 이상이 있다. 누가 그리고 무엇이 이 부분에 대해 비난을 제기할까?

    사람은 자연의 산물 그 자체, 즉 자루와 자루, 배와 기관, 연쇄 사슬, 수치스러운 짐이 아닌 엄청나게 큰 적대감이자 우주의 기둥을 지탱하는 존재다. 사람은 그보다 아래에 있는 것들, 두꺼운 두개골과 작은 뇌를 가진 어류와 사수류, 네발짐승에서 탈출했으나 기존 것을 잃으면서 새로운 힘의 대가를 치러야 했다.

    그러나 폭발로 행성을 만들어 내는 번개와 행성과 태양의 창조자가 그 속에 있다. 한편에선 사암과 화강암, 바위 등성이, 토탄 지대, 숲, 바다, 해안이란 기본적인 자연의 규칙이 있고 다른 쪽에는 자연을 구성하고 해체하는 사고, 정신이 나란히 있어 모든 사람의 눈과 뇌 속에 선과 악, 물질과 정신, 왕과 음모자, 순환과 경련이 평화롭게 함께하는 중이다.

인간은 자유 의지를 외면할 수 없다. 모순 같지만 자유는 곧 필연이다. 자신을 운명의 편에 놓고 운명이 전부라고 말한다면 우리는 운명의 일부가 인간의 자유라고 대답할 것이다. 영혼 안에는 선택과 행동하려는 충동이 영원히 가득 차 있다. 지성이 운명을 무력화한다. 인간이 생각하는 한, 그는 자유다.

그리고 대부분의 사람이 그렇듯 노예에게 자유를 떠벌리거나 일부 신문에서 〈독립 선언〉과 같은 서두를 달아 그 자유와 이 자유를 동일시하는 것처럼 혐오스러운 일도 없다. 감히 생각이나 행동은 할 수 없으면서 참정권을 들먹거리는 일도. 그렇지만 운명을 보지 않고 다른 쪽, 즉 실질적인 관점을 살피는 편이 도움이 될 수 있다. 이런 부분과 안정적인 관계를 구축해 활용하고 지시하고 거기에 위축되지 말라. 신탁은 "자연을 보지 말라, 그녀의 이름은 치명적이니"라고 했다. 제약을 과도하게 살피면 비열함을 불러온다. 운명, 별자리 등을 자주 입에 올리는 이들은 낮게 나는 위험한 비행기 안에 있고 그들이 두려워하는 악마를 초대한 꼴이다.

나는 본능적이고 영웅적인 종족을 운명을 자랑스럽게 믿는 이들이라고 언급했다. 그들은 운명과 공모하여 어떤 사건을 통해 애정을 보이며 물러난다. 그러나 독단은 약하고 나태한 모습일 때 다른 인상을 준다. 운명의 탓으로 돌리는 이들은 약하고 악하다.

자연의 숭고함에 맞춰 행동하는 것이야말로 운명을 제대로 활용하는 방법이다. 그 자체를 제외한 요소는 무례하고 고집불통이다. 그러니 인간이 그렇게 되도록 놔두라. 그가 장황한 자만심의 가슴을 비우고 자연의 범주에 걸맞은 태도와 행위로 지위를 보이게 하라. 당기는 중력에 맞춰 목표를 잘 잡을 수 있게 하라. 어떤 권력, 설득, 비리도 그 자신의 생각을 꺾을 수 없다. 인간은 강, 참나무, 혹은 산과 이롭게 비교할 수 있는 대상이 되어야 한다. 그보다 덜 흐르고 덜 크고 덜 듬직할지라도.

치명적인 용기를 가르치는 것이야말로 운명을 가장 잘 활용하는 방법이라 하겠다. 스스로 운명의 천사로부터 보호를 받고 있다는 점을 알고 바다의 불길, 친구 집의 콜레라, 자기 집의 강도 혹은 의무를 다하는 와중에 발생한 위험에 맞서라. 해가 되는 부분에서 운명을 믿는다면 적어도 이득이 되는 부분도 믿어야 하는 것이다.

운명이 너무 거대할지라도 인간 역시 그 일부이기에 운명과 운명이 맞설 수 있다. 우주가 이런 야만적인 사건을 벌였다면 우리의 원자도 그만큼 야만적으로 저항한다. 몸속에 공기의 반응이 없다면 대기압에 이미 압사당했을 것이다. 유리 필름으로 만든 관을 바닷물로 채우면 바다의 충격에 저항할 수 있다. 타격에 전능함이 있다면 반동에도 전능함이 있다.

그러나 운명 대 운명의 싸움은 막고 피하는 것이 전부다. 그 외에도 고결한 창의적인 힘이 존재한다. 사고라는 계시가 인간을 노예 상태에서 벗어나 자유로 가게 해준다. 우리는 자신에게 우리가 태어났고 그런 다음 수차례 다시 태어난다고 당연하게 말한다. 우리가 가진 연속적인 경험은 아주 중요하고 새로운 인간은 과거를 잊기에 신화에는 7개 혹은 9개의 천국이 있다. 일상의 날, 인생이라는 축제의 위대한 날은 내면의 눈이 사물의 합의와 법칙의 편재성을 보고 반드시 있어야 할 것, 해야 할 것, 혹은 최고를 알아차리는 날이다. 이 참 행복은 하늘에서 우리에게 내려왔고 그래서 우리가 볼 수 있다. 우리가 그 안에 있는 것이지, 그것들이 우리 안에 있지 않다. 공기가 폐로 들어오면 우리는 숨을 쉬고 생명을 이어간다. 그렇지 않으면 우리는 죽는다. 빛이 우리 눈으로 들어와 우리는 볼 수 있다. 그렇지 않으면 우리는 보지 못한다. 진실이 우리의 마음으로 들어오면 마음이 세상만큼 커진다. 우리는 입법자들이다. 우리는 자연을 대변한다. 우리는 예언하는 신성한 존재다.

이처럼 통찰은 자잘한 부분이 아닌 우주의 편에서 대범하게 살필 수 있게 해준다. 통찰로 말하는 이는 마음속 진실이 무엇인지를 통해 스스로 확신한다. 그 불변성을 보고 그는 자신이 불후의 존재라고 말한다. 그 무적을 보고 자신이 강하다고 말한다.

그건 우리 안에 있지 않지만 우리는 그 속에 있다. 그건 창조주의 것이며 무엇으로 만드냐는 중요하지 않다. 만물은 그 손길을 받고 바뀐다. 그건 사용하는 것이지, 사용되는 것이 아니다. 그걸 공유하는 이와 그렇지 않은 이 사이에는 거리가 생긴다. 공유하는 이들은 동물 무리나 패거리와는 다르다.

그건 자체에서 비롯되며 예전의 인간이나 더 나은 인간, 복음, 헌법, 대학 혹은 관습에서 나오지 않는다. 그것이 빛나는 곳에서 자연은 더 이상 거슬리지 않고 만물이 음악 혹은 그림 같은 모습을 만든다. 사람의 세상은 웃음 없는 코미디 같다. 인구, 이해관계, 정부, 역사 모든 것이 장난감 집에 있는 소품이다. 그건 특정 진실을 과대평가하지 않는다.

우리는 지적인 사람이 하는 모든 생각과 말을 기꺼이 듣는다. 그가 있을 때 우리의 마음이 활발히 움직이나, 그의 생각보다 우리의 생각이 새롭게 움직이는 것에 더 흥미가 생겨서 그가 한 말을 아주 빨리 잊어버린다. 그래서 무인격, 이기주의와 법률에 대한 경멸이 우리와 결합하여 갑자기 장엄함에 올라선 듯 느끼는 것이다. 여기 조금, 저기 조금 이런 식으로 발을 들이면 우리는 풍선 안에 갇힌 사람이 되어 떠나온 지점 혹은 가야 할 곳은 생각하지 않고 그저 자유와 영광에만 잔뜩 취한다.

지성을 더할수록 유기적인 힘도 생긴다. 디자인을 통해 보는 이는 그 너머에서 무엇이 그렇게 되어야 하는지 알고 있다. 우리는 앉아서 통치하고 자는 동안 꿈을 실천한다. 불과 한 시간 전에 일어난 생각이라고 해도 오랜 사고의 필연을 담고 있으며 의지와도 분리되지 않는다. 이들은 늘 공존한다. 생각은 통치권과 신격으로 나타나며 분리되지 않으려고 한다. 생각은 내 것도 당신 것도 아닌 모든 정신의 의지다. 모든 사람의 영혼으로 들이닥치는데 영혼 그 자체가 인간을 구성하기 때문이다.

　사실인지 모르겠지만 대기 상층부에 영구적으로 서쪽으로 흐르는 기류가 있어 거기까지 올라온 모든 원자를 휩쓸어 간다는 말이 있다. 나는 영혼이 특정 인식을 분명하게 이해하면 이기심을 넘어선 지식과 동기를 받아들인다는 사실을 안다. 의지의 숨결이 영원을 불러와 영혼의 우주를 통해 올바름과 필연의 방향으로 보낸다. 이것이 모든 지성인이 들이마시고 내쉬는 공기이자 세상을 규칙과 궤도로 보내주는 바람이다.

　생각은 정신을 형성할 수 있는 곳으로 데려가 물리적인 우주를 해체한다. 각자 자기 생각에 복종하는 두 사람이 있으면 그중 더 깊이 생각하는 이가 더 강한 성격을 지닌 것이다. 언제나 타인보다 더 생각이 깊은 누군가가 신의 섭리를 당대에 드러내는 인물이 되기 마련이다.

생각이 자유를 만들지만 도덕적 정서도 인간을 자유롭게 해준다. 인간의 정신적 화학작용은 분석을 거부한다. 그러나 그 진리를 깨우치면 이를 통해 세상을 지배하고자 하는 욕망이 생긴다. 애착은 의지에 필수적이다. 게다가 강력한 의지는 일반적으로 신체 조직이 제대로 합일을 이룬 산물로 마치 육체와 정신의 에너지가 한 방향으로 흘러가는 것과 같다. 모든 위대한 힘은 실재고 근원적이다. 강한 의지는 임의로 만들어지지 않는다. 무게에 무게를 더해서 균형을 이룰 뿐.

의지에서 힘을 드러내려면 우주의 힘이 필요하다. 알라리크와 보나파르트는 진리를 따르고 있다고 강력히 믿었을 것이다. 아니면 그들의 의지는 매수당하거나 꺾였을 테다. 유한한 의지는 매수할 수 있다. 그러나 우주의 보편성에 대한 순수한 공감은 무한한 힘이라 매수하거나 꺾을 수 없다.

누구든 도덕적 정서를 고를 수 없지만 무한한 힘을 믿은 경험이 있을 것이다. 그 심장의 모든 박동은 하느님의 맹세와도 같다. 이 대단한 힘의 암시가 없었다면 난 숭고하다는 말의 의미를 알지 못했을 것이다. 영웅주의가 담긴 글, 용기를 대변하는 이름과 일화는 단순한 의견이 아닌 자유의 기습공격이다. 페르시아인 하피즈의 시 구절을 보라.

천국의 문에 이렇게 적혀 있다.
'운명에게 배신당한 자에게 고통이란 없을지어다!'

역사를 읽는 행위가 우리를 운명론자로 만드는가? 반대 의견을 보이는 게 바로 용기가 아닌가! 우주의 화학작용에 투쟁하는 자유 의지가 바로 용기다.

그러나 통찰은 의지가 아니며 감정도 의지가 아니다. 인식은 차갑고 소망 안에서 선은 죽는다. 볼테르가 "가치 있는 사람들의 불행은 바로 그들이 겁쟁이라는 점이다"라고 한 것처럼.

인식과 소망을 통합하면 의지라는 에너지를 창출하는 길이 열린다. 사람이 의지를 갖게 만들고 그가 의지가 되고 의지가 그가 되지 않고서는 원동력이 생기지 않는다. 그래서 누군가는 대담하게 이렇게 말할 것이다. "진리에 제대로 반응해 순교자가 될 준비를 하지 않는 한, 진리를 제대로 인식했다고 말할 수 없다."

자연에서 진지하고 어마어마한 단 한 가지가 의지다. 사회는 의지의 바람에 굽신거리기에 세상은 구세주와 종교를 원한다. 제대로 갈 수 있는 길은 하나다. 영웅은 그 길을 보고 그 목적을 향해 움직이며 세상을 자신의 발아래 토대이자 지지대로 삼는다. 그는 다른 사람들에게 세상 그 자체와도 같다. 그의 찬성이 영예고 그의 반대는 불명예다. 그의 응시는 햇살 같은 힘을 가졌다. 개인적 영향력이 기억 속에서 오로지 가치 있는 것으로 쌓이면 우리는 숫자, 돈, 기후, 중력, 그리고 운명의 나머지를 기꺼이 잊는다.

꽃무늬 장식

제약이 사람을 성장시키는 척도라는 걸 안다면 우리는 제약을 허락할 수 있다. 아이가 집 벽에 서서 매년 키를 표시하는 것처럼 우리도 운명에 맞서 산다. 그런데 소년이 자라 남성이 되고 집의 주인이 되면 그는 벽을 무너뜨리고 더 큰 벽을 새로 짓는다. 이건 그저 시간의 문제다. 모든 용감한 청춘은 운명이라는 용에게 올라타고 지배하는 법을 훈련받는다. 열정과 억눌린 힘을 통해 무기와 날개를 만드는 방식이다. 이제 운명과 힘의 대립을 보며 우리가 이 둘의 통합을 믿을 수 있을까?

인류의 상당수가 두 개의 신을 믿는다. 그들은 집, 친구와 부모, 사회적인 범주, 문학, 예술, 사랑, 종교에서 신을 따른다. 그러나 역학, 증기와 기후, 무역, 정치에서는 다른 신의 지배를 받는다. 이 점이 한 영역의 작용 방법과 방식을 다른 영역으로 전달할 때 실수로 작용한다. 집에서는 선하고 정직하며 호의적인 사람이 증권거래소에서는 늑대와 여우로 변한다! 거실에서 경건한 사람이 투표소에서는 타락한 자들을 뽑는다! 그들은 어느 정도는 스스로 섭리의 보호 안에 있다고 믿는다. 그러나 증기선, 전염병, 전쟁에서는 사악한 에너지가 지배한다고 믿는다.

관계와 결합은 어딘가에 드문드문 있는 것이 아니라 사방에 자리한다. 눈에 보이지 않는다고 신성한 규칙이 사라진 건 아니다. 친절한 힘은 옆 농장, 옆 행성에서도 같은 규칙으로 작용한다. 경험이 없는 곳에서는 이 규칙에 반발하다 피해를 입는다. 그래서 운명이란 생각의 불길을 통과하지 않은 사실을 지칭하기도 한다.

지성을 활용하면 우리를 몰살하려고 위협하는 혼돈의 불길을 온전한 힘으로 변환할 수 있다. 운명은 관통할 수 없는 근원이다. 물은 한 점 먼지처럼 선박과 선원을 가라앉힌다. 그러나 수영하는 법, 배를 만드는 법, 배를 집어삼키는 파도에 대해 배우면 바다를 가르고 파도를 자신의 포말, 깃털, 원동력인 양 자유자재로 이용할 수 있다.

추위는 사람을 따지지 않고 피를 뭉치게 하고 육체를 이슬처럼 얼려버린다. 그러나 스케이트 타는 법을 익히면 빙판이 당신에게 우아하고 다정하고 시적으로 행동할 수 있게 알려줄 것이다. 추위는 당신의 팔다리와 뇌를 감싸 당대 최고의 인물로 만들어줄 것이다.

추위와 바다는 제국주의 색슨족을 훈련시켜 절대로 지지 않는 성품을 주고 저기 잉글랜드에 천 년 동안 적응하게 놔두었다가 백 개의 잉글랜드와 백 개의 멕시코를 줄 것이다. 그들은 모든 피를 빨아들이고 우뚝 설 것이다. 멕시코뿐 아니라 물과 증기의 비밀, 전기 자극, 금속의 연성, 하늘을 나는 마차, 방향키가 달린 풍선이 당신을 기다리고 있다.

매년 발진 티푸스로 죽는 사람의 숫자가 전쟁에서 죽는 사람의 수보다 훨씬 많다. 그러나 올바른 배수시설을 세우면 발진 티푸스를 없앨 수 있다. 항로로 전파되는 괴혈병은 레몬즙과 다른 휴대용 식품 혹은 조달 가능한 식재료로 치료할 수 있다. 콜레라와 천연두로 인한 인구 감소는 배수시설과 백신으로 끝낼 수 있다. 그리고 다른 해충은 인과 사슬이 적어 충분히 싸워 이길 수 있다.

문명의 예술은 독을 빼내는 과정에서 말살한 적으로부터도 이득을 취한다. 거센 급류가 인류의 힘들고 고단한 일을 대신해 준다. 야생 짐승은 인간에게 음식, 의복, 노동력의 유용함을 알려주었다. 화학적 폭발은 손목시계처럼 간단히 제어할 수 있다. 이것들이 지금 인간이 올라타고 있는 말이다. 인간은 모든 상황에서 말의 다리, 바람의 날개, 증기, 가스 풍선, 전기를 빌려 움직이고 발끝으로 서서 그것들로 독수리를 사냥하려고 위협하고 있다. 인간이 운송수단으로 삼지 못할 건 없다.

증기는 얼마 전까지만 해도 우리가 끔찍하게 여기는 악마였다. 옹기장이나 놋쇠 세공사가 만든 모든 냄비 뚜껑에는 구멍이 있는데 증기가 이 구멍을 통해 흘러나가 냄비와 지붕을 들어올리고 집을 폭파시키지 못하도록 하는 용도다. 그러나 우스터 후작, 와트, 풀턴은 이런 힘이 있는 곳에 악마가 아니라 신이 있다는 진리를 생각해 냈다. 그래서 이 힘을 반드시 활용해야 하며 그냥 흘려버리거나 낭비해서는 안 된다고 주장했다. 신이 냄비와 지붕과 집을 손쉽게 들 수 있을까? 신은 그들이 찾던 일꾼이다. 엄청난 분량의 토양, 산맥, 거대한 부피의 물과 저항, 기계와 같은 한층 더 껄끄럽고 위험한 악마를 묶는 사슬로 활용해 세상 모든 인간의 노동력을 아낄 수 있다. 또한 신은 인간을 위해 시간을 늘리고 공간은 줄여주었다.

증기보다 더 무시무시한 힘을 상대하는 방법도 비슷하다. 백만 명의 의견이 하나가 되면 세상이 두려움에 떨게 된다. 국가는 이들에게 즐거움을 제공하고 사회의 계층을 쌓아 분노를 잠재우려 했다. 맨 아래 계층에는 군인이 있고 그 위로 귀족층, 맨 위에 왕이 있다. 여기에 성, 수비대, 경찰의 죔쇠와 쇠테를 둘러 보호한다.

그러나 간혹 종교적 규칙이 개입해 쇠테를 터트리고 그 위에 있는 모든 산을 무너뜨린다. 정치적으로 풀턴과 왓슨을 추종하는 이들은 합일을 믿으며 이를 힘이라고 여겼고 거기에 만족하면서(정의가 모두를 만족시키므로) 사회에서 계층이라는 산을 쌓는 것이 아니라 공평하게 무리를 구성해 가장 해롭지 않고 힘이 넘치는 형태의 국가를 이루고자 했다.

고백하건대 운명이 주는 교훈은 매우 끔찍하다. 누가 말쑥한 골상학자에게 가서 자기 운명을 말해달라고 하고 싶어 할까? 자신의 두개골, 척추, 골반에 색슨족이나 켈트족의 모든 악덕이 흐르고 있다고 믿고 싶어 할까? 그가 물려받은 웅장한 희망과 열정이 이기적이고 강요하고 비굴하고 회피하는 동물로 바뀔 수도 있음을 누가 믿으려고 할까? 학식 높은 의사가 나폴리인이 어른이 되면 악당의 모습을 보인다고 말한 적이 있다. 너무 극단적인 비유 같지만 운명을 생각해보면 어느 정도 수긍이 가는 이야기다.

그러나 이들은 탄약고이자 무기고다. 인간은 반드시 자신의 결함에 감사하고 자신의 재능에 어느 정도 두려움을 가지고 있어야 한다. 물려받은 재능이 힘에 상당히 영향을 주어 그를 변변찮게 만든다. 결함은 그가 다른 쪽을 보게 해준다. 유대인의 배지와도 같은 고난이 현재 그들을 지상의 통치자로 만들지 않았는가.

만일 운명이 채석장의 광석이고 악은 생성 중인 선이라면 제약은 힘일 것이고 재앙, 반발, 무게는 날개이자 수단이다. 그렇다면 우리는 조화를 추구할 수 있다.

운명은 개선을 포함한다. 우주가 상승하려는 노력을 인정하지 않는 우주관은 건전하지 않다. 전체의 방향과 일부의 방향은 이

익을 주는 방향과 건전한 쪽으로 나아간다. 모든 개인의 뒤에 조직이 가까이 있다. 인간 앞에 자유, 더 좋고 최고인 자유가 있다.

최초이자 최악의 종은 소멸했다. 두 번째이자 불완전한 종은 죽어가는 중이거나 더 높은 수준으로 성숙하기 위해 남았다. 마지막 종인 인간은 모든 관용, 모든 새로운 인식, 사랑과 칭찬을 얻고 있는데 이는 운명에서 발전해 자유로 넘어갔다는 증서와도 같다. 넘치게 자란 조직의 피복과 장벽에서 의지를 벗어나게 하는 일이야말로 이 세계의 최종 목표다.

모든 장벽은 목표를 향하는 원동력이 되어주는 값진 징조다. 이를 향한 시도가 제대로 이루어지지 않을 때 인간은 주변 흐름을 살핀다. 제대로 된 관점에서 동물적 생활의 전체 주기를 살피면 유익하다. 이에는 이로 대응하는 원시 단계를 거쳐 서로 잡아먹고, 그다음에는 음식을 얻기 위해 전쟁을 치르고 고통에 몸부림치며 승리에 환호한다. 그런 다음에야 비로소 모든 동물, 모든 화학 덩어리들이 원숙해져서 더욱 고귀하고 세련되어지는 것이다.

그러나 운명이 어떻게 자유로, 그리고 자유가 어떻게 운명으로 스며드는지 살피기 위해서는 모든 생명체가 그 뿌리에서 얼마나 멀리 왔는지 알아야 한다. 혹은 가능할 경우 관련될 법한 실마리를 찾아야 한다. 우리의 인생은 비슷하고 널리 연관되어 있다. 자연의 이 매듭은 아주 단단하게 묶여 누구도 양 끝이 어딘지 찾아낼 수 없다. 자연은 복잡하고 겹쳐 있고 이리저리 얽혀서 끝이 없다. 크리스토퍼 렌은 킹스 컬리지의 아름다운 예배당을 두고 이렇게 말했다. "누군가 그에게 첫돌을 어디에 놓아야 하는지 말해준다면 그는 이런 건물을 하나 더 지을 수 있을 겁니다."

그러나 인류라는 집 어디에서 부분이 전부에 일치하고 접합하고 균형을 맞추는 첫 원자를 찾을 수 있을까?

관계의 거미줄은 서식지를 보여주고 동면을 알려준다. 동면을 살피면 어떤 동물은 겨울에 마비 상태인 반면, 다른 동물은 여름에 마비가 된다는 걸 알 수 있다. 그렇다면 동면은 잘못된 명칭이다. 긴 잠은 추위가 아닌 동물에게 적합한 음식 공급에 의해 정기적으로 이루어지기 때문이다. 열매나 먹잇감이 존재하지 않는 계절에 잠이 들고 식량이 충분해지면 다시 활동성을 얻는다.

눈은 빛을 찾는다. 귀는 공중의 소리를 듣는다. 발은 땅에 있고 지느러미는 물에 있고 날개는 하늘에 있고 각 생명체는 있어야 할 곳에 적절히 존재한다. 모든 지대가 자체 동물군을 가지고 있다. 동물과 식량, 해충과 적 사이의 조절이 있다. 균형이 유지된다. 개체 수가 줄거나 과하게 늘어서는 안 된다.

이런 조정이 인간에게도 있다. 사람이 도착하면 음식 조리가 시작된다. 석탄이 구덩이에 있고 집은 공기가 통한다. 폭우로 만들어진 진흙은 결국 마른다. 그의 동반자가 같은 시간에 도착하고 그를 기다리며 사랑, 협력, 웃음, 눈물을 함께 한다. 이것이 대략적인 조정이나, 보이지 않는 조정도 많다. 모든 생명체에게 공기와 식량을 넘어선 더 많은 소유물이 있다. 본능은 반드시 충족되어야 하고 근처에 있는 걸 자기 것으로 만들 수 있도록 복종시키는 힘을 지니고 있다. 보이지 않는 것도 보이는 것과 마찬가지로 제대로 갖추어졌을 때 인간도 존재한다. 그러고 나서 하늘과 땅에 변화가 일어나 더 근사한 하늘과 땅이 탄생한다고 단테나 콜럼버스가 우리에게 알리는 것이다!

이것이 어떤 영향을 끼칠까? 자연은 낭비벽이 없어 끝으로 가는 가장 짧은 길을 택한다. 장군이 병사들에게 "요새를 원하면 요새를 지어라"라고 말하듯이 자연도 모든 생명체에게 자신만의 일을 하고 자기 삶을 얻게 한다. 그것이 행성이나 동물 혹은 나무일지라도 말이다. 행성은 스스로 생겨난다. 동물의 세포는 그 자체를 만든 다음 원하는 형태를 구성한다. 굴뚝새이거나 용이거나 모든 생명체는 자신만의 집이 있다.

생명이 생기는 즉시 자기만의 방향이 있고 음식을 흡수하고 이용한다. 생명은 가진 자유만큼 성장한다. 신생아가 무기력하지 않다는 걸 잘 알 것이다. 생명은 주변 환경에 따라 자발적으로, 초자연적으로 작용한다. 여린 피부에 감싸진, 고작 몇 킬로그램밖에 나가지 않는 아기가 팔을 뻗고, 무엇을 던지고 환하게 웃는데도 무력하다고 할 수 있을까? 가장 작은 초도 1.6킬로미터를 비출 수 있는 법이다. 하물며 인간의 눈빛이 모든 별을 향할 수 없다고 단정 지을 수 있을까.

무슨 일을 해야 할 때 세상은 그 일을 하는 방법을 안다. 식물의 눈은 잎, 과피, 뿌리, 껍질, 가시 등 필요한 부분을 만든다. 첫 번째 세포가 원하는 것에 따라 그 자체를 위, 입, 코, 혹은 손톱으로 바꾼다. 세상은 인생을 영웅이나 목자로 만들어 그가 바라는 곳에 둔다. 단테와 콜럼버스는 그들의 시대에 이탈리아 사람이었다. 현재라면 아마 러시아인이거나 미국인이었을 것이다. 만물이 숙성하고 새로운 인류가 온다. 적응은 변덕이 없다. 이면의 목표, 그 자체를 넘어선 목적, 어떤 행성이 옆에 남아 빛날지 결정하는 관계, 그다음에 살아 있는 짐승과 인간이 나온다. 이들은 멈추지 않고 더 정교한 입자로 작용해 최고로 정교해질 것이다.

❧

세상의 비밀은 개인과 사건 사이에 얽혀 있다. 개인이 사건을 만들고 사건이 개인이다. '시대'나 '시절'은 완벽한 인간 한두 명과 극소수의 활발한 사람이 어땠는지 제대로 보여주지 않는가? 괴테, 헤겔, 메테르니히, 애덤스, 컬훈, 기조, 필, 코브던, 코슈트, 로스차일드, 애스터, 브루넬 등이 좋은 예시다. 사람과 시대와 사건 사이, 성별 사이, 동물 종과 그 먹잇감, 혹은 활동하는 하위 종 사이에 똑같은 적합함이 존재하는 것이 틀림없다.

인간이 자기 운명을 낯설게 여기는 건 둘 사이 연결고리가 감춰져 있어서다. 그러나 영혼은 그 속에 닥쳐올 사건을 품고 있다. 사건은 생각이 현실화한 것이다. 우리는 기도를 통해 원하는 것을 얻는다. 사건은 당신의 형체가 남기는 흔적이다. 피부처럼 당신에게 딱 맞다. 각각이 하는 일은 그에게 적합하다. 사건은 그의 육체와 정신이 낳은 어린아이다. 우리는 운명의 영혼이 우리의 영혼이라는 걸 배웠고 하피즈는 이렇게 노래했다.

아아! 지금까지 난 알지 못했네,
내 이정표와 운명의 이정표가 같다는 것을.

사람을 홀리는 모든 장난감과 사람이 가지고 노는 집, 땅, 돈, 사치, 권력, 명예는 환상이 한두 꺼풀 덮여 있을 뿐 다 똑같다. 머리가 깨질 것처럼 정신을 사납게 하는 드럼과 방울 소리를 들으며 매일 아침 엄숙하게 행진하는 가운데 가장 놀라운 부분은 사건은 임의로 생기며 독자적인 행동이라고 믿는다는 점이다. 마술사의 공연장에서 우리는 그가 꼭두각시를 끈으로 조종하는 걸 감지하지만 현실에선 원인과 결과를 묶고 있는 실타래를 볼 만큼 눈이 충분히 날카롭지 못하다.

자연은 마법처럼 인간을 운명에 맞추어 성격이란 결실을 맺게한다. 오리는 물을 차지하고 독수리는 하늘로, 섭금류는 바다 주변부에, 사냥꾼은 숲속에, 경리는 총무과에, 군인은 전투 일선에있다. 따라서 사건은 개인과 같은 줄기에서 자라는 또 다른 개인이다. 인생의 즐거움은 사람이 그에 따라 사는 데 있지, 일이나 장소에 구애받지 않는다.

　인생은 황홀경과 같다. 우리는 사랑에 어떤 광기가 내재되어있는지, 비도덕적인 욕망을 천국의 색조로 칠하는 힘에 대해 알고 있다. 정신이상인 사람은 옷차림, 식사, 잠자리에 관심이 없다. 우리가 꿈에서 터무니없는 행동을 침착하게 해내듯 인생이라는컵에 와인 한 방울을 떨어뜨리면 우리는 모르는 사람과 일에도잘 적응할 수 있다.

　각 생명체는 그 자체의 상태와 영역에서 결실을 맺는데 민달팽이가 배나무 잎사귀에 매끄러운 집을 짓고 털북숭이 진딧물은사과에서 자기 침대를 짓느라 땀을 흘리며 물고기는 비늘을 만든다. 젊을 때는 스스로 무지개를 걸치고 별자리처럼 용감하게행동하지만 나이가 들면 다른 종류의 땀, 통풍, 열, 류머티즘, 변덕, 의심, 안달, 탐욕이 생긴다.

사람의 운명은 성격의 결실이다. 친구는 개인이 가진 매력의 결과지다. 우리는 헤로도토스와 플루타르크를 운명의 예로 들지만 우리 자체도 표본인 건 마찬가지다. "우리는 각자 자신의 성품을 견뎌야 한다."

모두가 속에 있는 모든 걸 드러내는 경향은 오랜 믿음에서도 찾을 수 있다. "우리가 운명에서 벗어나려는 노력은 우리를 그저 그 안으로 더 끌어당길 뿐이다." 그리고 내가 알아차린 건 사람은 자신의 능력보다 지위로서 탁월함을 인정받길 더 좋아한다는 점이다.

맞닥뜨린 사건 속에서 사람의 성격을 알 수 있지만 사건은 그에게서 비롯되었고 그와 함께한다. 사건은 성격과 함께 확장한다. 장난감을 가지고 논 어린 시절을 지나 지금 거대한 사회 제도에서 역할을 담당하며 그의 성장은 야망, 동료, 성과로 드러난다. 행운의 한 조각이라 여길지 모르지만 사실은 인과관계의 한 조각이다. 그가 채워야 하는 공백에 맞게 각을 이루고 다듬어진 모자이크다.

그래서 마을마다 두뇌와 성과로 경작지, 생산, 공장, 은행, 교회, 삶의 방식, 사회를 설명해주는 사람이 있다. 그를 만날 기회가 없으면 당신이 보는 모든 것이 살짝 혼란스러울지도 모르겠다. 다만 그를 보면 평범해질 것이다. 우리는 매사추세츠주에서 누가 뉴베드퍼드를 짓고 누가 린, 로웰, 로렌스, 클린턴, 피츠버그, 홀리

오크, 포틀랜드를 비롯해 많은 다른 시끄러운 도시를 지었는지
안다. 그게 누구인지 분명하다면 그 사람들은 당신에게 사람이
아닌 걸어 다니는 도시로 보일 거고 그들을 어디다 데려다 놔도
도시를 뚝딱 지어낼 것이다.

❀

　역사는 자연과 사고, 이 두 가지의 작용과 반작용이라고 할 수 있다. 두 소년이 인도의 갓돌에서 서로를 밀고 있는 형국이다. 미느냐 밀리느냐에 모든 게 달렸고 물질과 정신은 영원히 기울다가 균형잡기를 반복한다. 사람이 연약하면 대지가 그를 거둔다. 사람은 대지에 두뇌와 애정을 심는다. 차츰 그가 대지를 따라잡고 자기 생각대로 정원과 포도밭을 아름답게 가꾸며 생산성을 이끌어 낸다. 우주의 모든 토양은 마음이 접근하면 유동적으로 움직일 준비가 되어 있고 대지를 흐르게 만드는 힘이 곧 인간의 정신력을 측정하는 기준이다. 벽이 요지부동으로 남아 있다면 정신력이 부족하다는 뜻이다. 은근히 힘을 쓴다면 벽은 새로운 형태로 바뀌어 정신적 성향을 드러낼 것이다.

　지금 우리가 머무는 이 도시는 어울리지 않는 물질들이 누군가의 의지에 복종해 하나로 모여 이루어진 것이 아닐까? 화강암은 거칠게 버텼지만 사람의 손이 더 강해서 결국 복종했다. 철은 땅속 깊이 돌과 섞여 있다. 하지만 인간의 불길로부터 숨을 수 없었다. 나무, 석회, 물질, 과일, 고무는 땅과 바다에 사방으로 흩어져 있다. 그러나 노동자의 손길은 어디든 미칠 수 있어 원하는 걸 얻는다.

온 세상은 생각이라는 그물 위에 흐르는 유동적인 물질이며 짓고자 하는 기둥이나 지점을 향해 흘러간다. 인종은 통치할 땅을 미리 정해서 태어나고 무리로 나뉘어 이 형이상학적 추상과 싸우기 위해 무장하고 분노할 준비를 마쳤다. 이집트인과 로마인, 오스트리아인과 미국인은 서로 사고방식이 다르다.

한 시대의 무대에 올랐던 사람들이 모두 서로 관련이 있다. 특정한 사상이 사방에 퍼졌다. 우리는 모두 그 사상을 바탕으로 만들어진 존재라 민감할 수밖에 없지만 일부는 다른 이들보다 더 민감해 먼저 표현했던 것이다. 이것이 발명과 발견의 흥미로운 동시성을 설명해 준다.

진리는 공중에 있고 가장 민감한 두뇌가 제일 먼저 말하고 잠시 뒤에 모두가 말한다. 그래서 가장 민감한 여성이 다가오는 시대 최고의 지표다. 위인이란 당대의 정신을 가장 꽉 채운 민감한 인물이다. 그는 신경질적이고 섬세해 마치 빛에 반응하는 요오드 같다. 그는 아주 미세한 끌림까지 감지한다. 바늘로 섬세하게 균형을 잡을 수 있기에 그의 마음은 다른 이보다 올바르다.

연관성은 결함에서 드러난다. 뮐러는 《건축론》에서 완벽하게 마무리가 된 건물은 그 아름다움을 의도하지 않았지만 아름답게 탄생한다고 알렸다. 나는 인간 구조의 합일이 상당히 악성이고 침투적이라는 걸 알았다. 그래서 피에 흐르는 상스러움은 논쟁 중에, 어깨의 혹은 연설할 때나 몸을 쓸 때 눈에 띌 것이다. 사람의 마음이 보인다면 혹도 보일 것이다. 사람의 목소리에 시소가 있다면 그가 쓰는 문장, 시, 우화의 구조, 추론, 자선에서도 움직임이 드러날 것이다. 모든 사람은 자신 속 악마에게 쫓기고 질병으로 곤혹스러워하며 스스로 행동거지를 점검한다.

각 개인에게는 식물처럼 기생충이 서식한다. 강하고 지독하고 성질 나쁜 자연에는 잎사귀를 갉아먹는 민달팽이와 나방보다 더 공격적인 바구미, 천공충, 거세미와 같은 적이 있다. 이런 기생충 같은 사기꾼이 제일 먼저 사람을 뜯어먹고 그다음엔 고객이, 그 뒤로 돌팔이 의사, 이어서 번지르르한 신사, 몰록(어린아이를 제물로 바치고 제사 지낸 고대 페니키아인의 신)처럼 가차 없고 이기적인 인물 순으로 넘어간다.

이처럼 연관성이 실제로 존재한다는 걸 직감할 수 있다. 실타래가 거기 있다면 생각이 쫓아간다. 특히 영혼이 재빠르고 고분고분한 경우에는 더욱 두드러진다. 초서가 이렇게 노래한 것처럼.

제대로 된 부류의 영혼이
인간이 찾을 수 있는 가장 완벽한 영혼이라면,
앞으로 벌어질 일을 알아서
모두에게 강하게 충고하네.
예지와 형상을 통해 그들이 겪을 모험이 어떠한지를.
그러나 우리의 육신은
제대로 이해하지 못하는데

너무 암울하게 경고한 탓이리라.

어떤 이들은 각운, 우연, 징조, 주기, 전조를 기막히게 알아차린다. 그래서 그들이 찾던 사람을 만난다. 동반자가 그들에게 하려는 말도 그들이 먼저 말한다. 그리고 백 개의 징조가 앞으로 벌어질 일에 대해 그들에게 알려준다.

거미줄의 근사한 복잡성, 디자인의 멋진 지속성이 이 방랑 인생을 대변한다. 우리는 파리가 어떻게 짝을 찾는지 궁금해하지만 매년 우리는 남성, 여성 두 사람이 법적 혹은 육체적 결합 없이도 서로 가까이에서 최고의 시간을 보내는 걸 본다. 여기서 교훈은 우리가 추구하는 것을 찾을 것이고 도망치려는 것들이 우리에게서 도망친다는 것이다. 괴테가 "젊은 시절 우리가 그토록 바랐던 소망이 노년에 한꺼번에 찾아온다"고 한 말은 기도를 통해 항상 무언가를 얻는 삶이 축복이 아닌 저주일 때가 많다고 알려준다. 따라서 우리에게는 원하는 걸 얻을 거란 확신이 있기에 고결한 것만을 바라야 한다.

인간 조건의 미스터리를 푸는 해결책이자 운명, 자유, 예지의 낡은 매듭을 푸는 핵심은 이중 의식이다. 서커스 승마 묘기에서 이 말에서 저 말로 민첩하게 갈아타거나 한 발을 말의 등 위에, 다른 발을 다른 말의 등 위에 놓고 서는 것처럼 사람은 자신의 사적인 본성과 공적인 본성이라는 말에 번갈아 올라야 한다.

그래서 인간이 운명의 희생자가 되어 엉덩이에 신경통이 생기고 정신에 쥐가 나는 것이다. 발은 뭉툭해지고 위트는 둔감해진다. 찡그린 얼굴에 이기적인 성미를 지닌다. 으스대며 걷고 잘난 체가 하늘을 찌르다가 혹은 악덕을 감당하지 못하고 가루로 갈려버린다. 그러니 이기심은 버리고 우주와의 관계 정립에 힘써야 한다. 그래야 신도 인간도 아닌 중간에서 고통받는 영혼의 상태에서 벗어나 신의 편에 서서 보편적인 이득을 확보할 수 있다.

기질과 종족이란 장애물을 상쇄하기 위해서는 이 교훈, 즉 자연에 널린 두 요소의 교활한 공존을 끄집어내야 한다. 그러면 어떤 믿기 힘든 일이나 마비가 일어나도 신성함이 나타나 되갚아준다. 선한 의도가 갑작스러운 힘으로 감싸준다. 하느님이 타고자 한다면 나무 조각이든 자갈이든 얼른 날개를 펴듯 발을 만들고 말이 되어 그분을 섬긴다.

자연과 영혼을 완벽하게 융합하고 있는 은총 받은 합치를 위한 재단을 세우자. 그리고 모든 원자를 내보내 이 보편적인 목표를 받들게 하자.

나는 눈송이, 조개껍데기, 여름의 풍경 혹은 별의 영광은 궁금하지 않지만 우주 아래 자리 잡은 아름다움의 필연성에 대해서는 궁금하다. 모두가 반드시 보기 좋아야 한다. 무지개와 지평선의 곡선, 푸른 천장의 아치는 분명 눈이라는 유기체가 창조한 결과물이다. 어리석은 아마추어가 날 데리고 꽃이 가득 핀 정원, 햇살 금박을 입은 구름 혹은 폭포를 보여주며 감탄하게 할 필요가 없다. 난 장엄함과 우아함을 굳이 찾지 않아도 볼 수 있다. 내재한 필연에 따라 혼돈의 꼭대기에 아름다운 장미를 심었고 조화와 즐거움을 통해 자연의 중추적인 의도를 알 수 있는데 이곳저곳으로 반짝이는 아름다움을 찾아다니다니 한심하기 짝이 없다.

아름다운 필연을 위한 제단을 세우자. 인간이 감각에서 자유롭다고 생각한다면 단 하나의 예외는 근사한 의지가 사물의 법칙 위에 존재할 경우다. 이는 아이가 손으로 해를 딸 수 있는 것과도 같다. 최소한의 가능성으로 누군가 자연의 규칙을 어지럽힐 수 있다면 누가 인생이라는 선물을 받으려고 할까?

아름다운 필연을 위한 제단을 세우자. 만물이 한 조각에서 나왔다는 점을 분명히 하자. 원고와 피고, 친구와 적, 동물과 행성, 음식과 포식자는 모두 한 종류다. 천문학은 엄청난 공간을 다루나, 낯선 체계가 아니다. 지질학은 엄청난 시간을 다루나, 지금까지 같은 법칙을 유지한다.

'철학과 신학이 결합한' 것에 지나지 않는데 우리가 어째서 자연을 두려워해야 하는가? 우리가 같은 요소로 만들어졌는데 야생의 요소가 충돌하는 것에 왜 두려움을 느껴야 하나?

아름다운 필연을 위한 제단을 만들어 인간에게 용기를 주자. 이미 정해진 위험은 피할 수 없고, 정해지지 않은 위험은 만날 수 없다.

필연은 매몰차게 혹은 부드럽게 인간에게 만일의 사태는 없다는 지각을 깨우쳐 준다. 법칙은 존재 전반을 통제하고, 지성적인 것이 아니라 지성 그 자체이며, 인격적이진 않지만 몰인격적이지도 않으며, 인간의 말을 무시하고 인간의 이해를 넘어선다. 개인을 융해시키고 자연을 분명하게 하며, 마음이 순수한 이들에게 자신의 전능함을 활용하라고 요구한다.

개혁하는 인간 Man the Reformer

1841년 1월 25일 보스턴 도서관협회 주최
기계학 실습생 앞에서 낭독한 전문

협회 회장님과 참석하신 신사분들께

저는 오늘 개혁가로서 인간이 맺는 특별하고 일반적인 관계에 대해 여러분에게 몇 가지 의견을 더하고자 이 자리에 섰습니다. 이 협회에 속한 청년들은 저마다 이성적인 사고에서 비롯된 높은 수준의 목표를 세웠겠지요. 당연한 말이지만 우리의 인생은 평범하고 그저 그렇기도 합니다. 인간으로 태어나 해야 할 일과 능력이 사회에서 거의 발전하지 않아 오래된 책과 흐릿한 전통 속에서 겨우 명맥만 유지하고 있는 상태입니다. 그래서 아름답고 완벽한 예언자와 시인들 같은 인물이 되지 못하고 그런 이들을 보지도 못하고 있습니다. 인간의 지침 중 일부는 우리에게 알려지지도 않았고 알 수도 없습니다. 모든 사람이 황홀함이나 신성한 빛을 받아들이고 일상이 정신세계와 결합해 더 높은 수준으로 나아가야 한다는 말을 우리 공동체는 받아들이기 어려워합니다.

설사 상황이 이렇더라도 여기 계신 청중들은 우리가 그런 규칙과 과정을 스스로 구축하는 방식을 찾아서 영적 본성과 한층더 분명하게 소통하고 지침을 따라야 한다는 점을 부인하지 않을 거라고 봅니다. 더 나아가 저는 희망을 버리지 않고 제 연설을 듣는 여러분 모두가 모든 사악한 관습, 두려움, 한계를 극복하고 자신의 자리에서 자유롭고 도움을 주는 사람, 개혁가, 후원자가 되길 바랍니다. 하인이나 스파이처럼 약삭빠르게 핑계를 대며 상황을 모면하려 하지 않고 용감하고 올바른 사람으로 지상 최고의 목표를 향해 나가며 스스로 명예로울 뿐 아니라 자신을 따르는 이들에게도 명예와 도움을 주는 그런 인물로서 말입니다.

세계사에서 개혁의 원칙이 지금처럼 널리 퍼진 적은 한 번도 없었습니다. 루터교, 모라비아교, 예수회 수사, 수도사들, 퀘이커교, 녹스, 웨슬리, 스베덴보리, 벤담은 그들의 사회를 비난하면서 다른 것들, 이를테면 교회나 국가, 문학이나 역사, 가정의례, 시장이 서는 마을, 저녁 식사 자리, 주화 등을 존중했습니다. 그러나 지금 이 모두와 다른 것들에게 경종을 울렸으니 심판을 받아야 마땅합니다. 왕국, 도시, 법규, 의식, 부름, 남성 혹은 여성이 아니라 기독교, 법률, 상업, 학교, 농장, 연구실이 새로운 정신에 위협받고 있습니다.

만일 우리 체계를 공격하는 반발이 극단적이고 추정에 근거하며 이상주의적 개혁론자의 것이라면 어떻게 해야 할까요? 이는 정신을 정반대의 극한으로 보내는 남용의 극치라 하겠습니다. 엄청난 거짓 속에서 여러분이 아는 사실도 여러분 자체도 비현실과 환상 속에서 자랐다면 학자는 도피처를 찾아 아이디어가 넘치는 세상으로 날아가 그곳에서 다시 본성을 구하고 보충하려고 합니다. 아이디어가 다시 사회에서 합법성을 구축할 수 있도록, 인생을 공정하고 시적일 수 있게 하면 학자는 기꺼이 연인, 시민, 독지가가 될 것입니다.

오래된 국가, 수백 년 된 법, 많은 도시의 재산과 제도는 다른 토대 위에 세워져 있기에 새로운 아이디어가 안전하게 정착할 수 없습니다. 개혁의 귀재는 모든 입법자, 모든 도시 시민의 마음으로 들어가는 비밀의 문이 어딘지 알고 있습니다. 그래서 새로운 생각과 희망이 여러분의 가슴에서 피어오를 때 다른 천 명의 가슴에도 똑같이 새로운 빛이 일어나고 있다는 점을 명심해야 합니다.

그 비밀을 여러분의 마음속에만 담아두고 싶겠지만 해외로 나가자마자 똑같은 말을 당신에게 해주려고 문 앞에서 기다리는 사람이 있을 겁니다. 돈을 좇는 데 혈안이 된 장사치가 새로운 아이디어에서 나온 질문을 듣고 겁을 먹고 몸을 떠는 걸 보면 여러분은 당황할지도 모릅니다. 우리는 그가 산전수전을 겪고 땅에 굳건히 서 있을 거라 예상했으나 그는 벌벌 떨며 달아납니다.

그러면 학자는 말합니다. "도시와 마차는 다시는 내게 이래라 저래라 못하겠지. 덕분에 내 마음속 모든 외로운 꿈이 실행을 향해 달려갈 수 있게 되었어. 날 비웃을까 봐 그 바람을 입 밖으로 내기 꺼렸지만 주식 중개인, 변호사, 상인들도 똑같은 말을 하고 있으니까. 하루만 더 기다렸다가 말했다면 너무 늦었을 테야. 봐,

스테이트 스트리트가 생각하고 월스트리트가 의심하더니 예언하기 시작했잖아!"

미덕을 갖춘 청년들의 앞길을 가로막는 장애물을 생각해 보면, 사회의 기저에서 악습에 대한 일반적인 의문이 고개를 들기 시작하는 현상은 놀랍지 않습니다. 사회인으로 발을 내디딘 젊은이는 유익한 일자리가 악습에 가로막혀 있다는 걸 알게 됩니다. 무역 방식은 도둑질에 가까울 정도로 이기적이고 사기의 경계까지 닿을 기세입니다. 상업 분야의 고용은 본질적으로 인간에게 부적합하거나 능력에 어울리지 않는 건 아니지만 지금 일반적인 방향에서 직무 태만과 묵인에 의한 악습으로 상당히 부패한 상태입니다. 그 속에서 젊은이가 올바르게 나가려면 예상보다 더 많은 힘과 자원이 필요합니다. 그러니 청년은 그 속에서 길을 잃을 수밖에요. 손과 발을 제대로 움직일 수 없을 테니까요.

그가 천재성과 미덕을 가졌을까요? 그는 그런 게 없어야 사회에서 살아남을 수 있으며 천재성과 미덕을 가졌다면 어린 시절의 빛나는 꿈 전부를 희생해야 한다고 생각할 겁니다. 어린 시절의 기도는 잊어버리고 반복되는 일과와 아부에 자신을 옭아매야 합니다. 여기에 연연하지 않으면 아무것도 남지 않습니다. 그러면 먹을 것을 찾아 맨땅에 삽질하는 심정으로 전부 새롭게 시작해야 합니다.

물론 우리 모두 이런 상황에 처해 있습니다. 상품이 들판에서 자라 집까지 오는 과정에 대해 한두 가지 질문을 던져보면 우리가 백 가지 물건을 소비하며 위증과 사기를 먹고 마시고 입고 있다는 걸 알게 됩니다. 일상에서 소비하는 많은 물품이 서인도제도에서 온다는 걸 알 겁니다. 그러나 이 스페인 군도에 있는 정부 공무원들이 매수된 까닭에 우리의 배로 넘어오는 물자 중 뇌물로 가격을 후려치지 않은 것이 없습니다. 스페인 군도에서 모든 미국 에이전트와 업자는 영사가 아닌 한 기독교라고 맹세하거나 신부를 대동해 선서를 받아야 합니다.

노예제 폐지론자들은 우리가 남부 지방 흑인에게 얼마나 끔찍한 빚을 졌는지 알려주었습니다. 쿠바섬에서 일반적인 노예 혐오에 더해 농장 노동자로 흑인 남성만 사들이고 이 불쌍한 청년들은 매년 열에 한 명꼴로 설탕을 생산하다 죽습니다. 우리 세관의 선서에 대해 잘 알고 있는 분께 이 일을 맡기겠습니다. 선원들이 억압받는 부분에 대해서도 묻지 않을 것입니다. 우리 소매업의 관행에 대해서도 캐지 않을 것입니다.

우리 무역의 일반적인 체계(명망 높은 사람들이 비난하는 아주 예외적이고 끔찍한 사례는 제외하고)가 이기심으로 점철되었다는 사실을 밝히는 것으로 만족하겠습니다. 이 체계는 인간 본성의 고결한 정서를 따르지 않았습니다. 상호 간에 정확하게 명시한 것도 아닙니다. 사랑과 영웅주의의 정서도 거의 없으며 불신과 은폐, 엄청난 매서움의 체계로 베풀지 않고 되레 이득을 취하는 형국입니다.

인간이 귀한 친구에게 알려줄 만한 기쁜 제도가 아닙니다. 사랑과 감탄의 시간에 자신을 인정하고 즐거워할 수 있는 제도가 아닙니다. 과정은 치워버리고 굉장한 결과만 보여주며 그렇게 얻어낸 방식에 타당성을 부여하고 이를 소비하는 식입니다.

전 상인이나 제조사를 비난하지 않습니다. 우리 무역의 죄는 계급과 개인에게 있는 것이 아니니까요. 무리 속 깃털 하나, 유통된 물건 하나, 음식 하나의 문제가 아니라는 말입니다. 모두가 여기 참여하고 모두가 고백해야 합니다. 알아서 고개를 숙이고 무릎을 꿇지만 누구도 자신이 잘못했다고 생각하지 않습니다. 그가 이런 악습을 만들지 않았으니 그가 바꿀 수도 없습니다. 그렇다면 그는 누구일까요? 자기 몫을 챙겨야 하는 무명의 개인일 뿐입니다.

모두가 자신을, 인간을 위해 행동하는 인물이 아닌 그저 인간의 한 조각일 뿐이라고 여기는 생각이 바로 악덕입니다. 자기 안에 고결한 목표가 자라나는 걸 느끼는 이들, 본성의 법칙에 따라 단순하게 행동하는 모든 순수한 영혼들은 이런 식의 상업이 체질에 맞지 않는다는 점을 알고 거기서 벗어납니다. 그런 경우가 매년 더 많아지고 있습니다.

그러나 상업에서 벗어난다고 완전히 발을 빼고 깨끗해진 건 아닙니다. 인간의 모든 영리적 직업과 관행 안에 사악한 뱀이 지나간 자국이 남아 있습니다. 각자 결점이 있습니다. 각자 성공을 위해 다정하고 지적인 이성을 밀어냈습니다. 잘못된 일을 못 본 척하고 재빨리 순종하고 관습을 받아들이고 호의와 사랑의 정서를 버리고 개인적인 의견과 고귀한 진실 사이에서 타협했습니다.

사악한 관습은 자산 전체에 퍼져 있고 이를 보호하는 법이 생기기 전까지는 사랑과 이성을 중시하는 것이 아니라 이기심을 존중합니다.

한 사람이 불행하게도 예리한 인식을 가진 성자로 태어났다고 가정해 봅시다. 그에게는 이성과 사랑의 천사가 함께하고 그는 세상에서 생계를 꾸려 나가야 합니다. 그는 자신이 모든 영리적인 일에서 배척당했다는 점을 발견합니다. 농장도 없고 하나 얻을 수도 없습니다. 그러기 위해서는 농장을 살 만큼 충분한 돈을 벌어야 하니까요. 돈을 벌려면 어느 정도 집착이 필요한데 수년간 그렇게 해야 가능합니다. 하지만 그에게 현재란 미래의 시간만큼 신성하고 불가침의 영역입니다. 물론 땅을 가지고 있지 않은 사람도 있지만 내 땅은 내 것이고 당신 땅은 당신 것이라는 부분이 명시되지 않으면 법적으로 혼란이 가중됩니다.

이 악마의 덩굴과 덩굴손이 너무 빼곡해서 벗어날 수가 없습니다. 아내와 자녀, 수익과 빚 등 모두가 얽혀 더 깊이 개입하게 됩니다.

이런 부분에 대해 고려하면서 많은 독지가와 지식인이 청년

교육의 일부로서 육체노동의 권리로 시선을 돌렸습니다. 과거 세대에 축적한 부가 부패한 것이라면 우리에게 얼마나 많이 제공되든 간에 포기하는 고귀함에 대해 생각해 봐야 합니다. 그리고 토양과 자연과 직접 원시적인 관계를 맺고 부정하고 더러운 것에서 벗어나 두 손으로 용감하게 육체노동에 뛰어들어야 합니다.

"뭐라고! 노동 분업이 주는 엄청난 이득을 포기하고 모든 사람이 각자 자기 신발, 책상, 칼, 마차, 돛, 바늘을 직접 만들어야 한다고? 그러면 사람은 다시 스스로 행동하는 야만인으로 돌아가는 거야"라고 다들 수군댈 것입니다.

저는 도덕적인 혁명이 곧장 가능할 거라고 예상하지 않습니다. 하지만 솔직히 고백하자면 이런 변화로 고통받지 않을 겁니다. 사회의 호사나 편리함의 산물을 좀 잃어버리겠지만 농사짓는 삶이 인간의 가장 중요한 의무라는 믿음만 있다면 그 정도는 포기할 수 있습니다.

높은 양심과 순수한 취향이 청년들의 직업 선택에서 합당한 효과를 내고 상업, 법, 국가의 노동 시장 경쟁률을 약화하는 걸 보고 후회할 사람이 있을까요? 불편함은 있겠지만 그리 길지 않을 걸 쉽게 알 수 있습니다. 이처럼 위대한 행동은 언제나 사람들의 눈을 트이게 해줄 겁니다. 많은 사람이 이렇게 한다면, 다수가 모든 기관을 개혁할 필요성을 인정한다면 악습은 바로잡아질 것이고 분업에서 생겨난 이득을 다시 얻는 길이 열릴 것이고 사람은 다시금 자신만의 특별한 재능에 가장 적합한 일자리를 타협 없이 선택할 수 있을 것입니다.

시대가 주는 규율에 대한 강조는 접어두고, 사회는 모든 구성원에게 육체노동을 장려해야 한다고 봅니다. 모든 개인이 육체노동을 해야 하는 합당한 이유가 있습니다. 육체노동은 결코 쓸데없는 일이 아니고 누구나 할 수 있습니다. 사람은 문화를 발전시키기 위해 농장이나 기계 쪽 기술을 가져야 합니다. 손으로 하는 일에서 더 높은 성취감을 얻으면 시와 철학을 섬세하게 즐길 수 있습니다. 거친 세상을 상대할 수 있도록 우리의 영적 능력을 다양하게 키워야 하고 그렇지 않으면 이런 능력은 아예 생기지 않을 겁니다. 육체노동은 외부 세상에 대한 공부입니다. 부의 혜택은 승계자가 아닌 이를 취득하는 사람에게 남습니다.

저는 삽을 들고 정원에 나가 땅을 파면 상쾌함과 활력을 느끼고 그 모든 시간 동안 제 손으로 해야 할 일을 남에게 넘기며 자신을 기만했다는 사실을 발견합니다. 육체노동은 건강 증진뿐 아니라 교육의 역할도 합니다. 저는 석 달에 한 번씩 존 스미스 상점 앞으로 수표를 써주고 그 돈만큼 설탕, 옥수숫가루, 목화, 양동이, 그릇, 편지지를 받고 있지만 본래대로 제가 직접 그 모든 물건을 만드는 행동을 했다면 제대로 육체가 활성화되었을까요? 스미스, 그의 배송사, 딜러, 제조사, 선원, 가죽 무두질 장인, 도축업자, 흑인, 수렵인, 사탕수수에서 설탕을, 목화에서 솜을 떼는 농장주는 그랬을 겁니다.

그들은 교육을 받았고 전 오로지 소비재만 받았습니다. 제 일을 하느라 어쩔 수 없이 그들처럼 일을 못 했으니 상관없습니다. 물론 두 손과 발을 썼다는 점을 확실히 해야겠지만요. 절 대신한 장작꾼, 쟁기질꾼, 요리사들은 자기 효용성이 높아 제 도움이 없이도 하루와 일 년을 살 수 있습니다. 하지만 그들에게 의존해 제대로 팔다리를 쓸 권리를 얻지 못한 저는 부끄러움을 느낍니다.

자산의 첫 번째 그리고 두 번째 소유주의 차이에 대해 살펴보겠습니다. 철이 녹슬 듯 모든 종류의 자산이 적에게 피해를 입습니다. 목재는 썩고 직물은 좀먹고 식량에는 곰팡이, 부패, 해충이 생깁니다. 돈은 도둑이 노리고 과수원은 곤충이 노립니다. 작물을 심은 땅에는 잡초가 자라고 소 떼가 밟고 지나갑니다. 소들은 굶주립니다. 도로에는 비와 서리가 내립니다. 다리는 홍수에 취약합니다.

누구든 자기 소유 자산에 이런 일이 생기면 적으로부터 자산을 지키거나 수리해서 보존해야 합니다. 뗏목이나 보트를 만들어 고기를 잡으러 가는 사람들은 배의 틈새를 메우거나 노걸이를 박거나 키를 쉽게 수리합니다. 그가 재빨리 얻은 건 오직 필요에 의한 물건이라 부끄러울 것도 없고 누가 훔쳐 갈까 밤새워 지키지 않아도 됩니다.

그러나 수년에 걸쳐 모은 모든 재화를 물려주는 상황은 다릅니다. 아들에게 집, 과수원, 쟁기질한 땅, 소 떼, 다리, 철물, 목공품, 카펫, 옷, 식량, 책, 돈은 줄 수 있으나 이것들을 만들거나 수집하기 위한 기술과 경험, 소유자의 인생에서 이 물건들이 지닌 의미와 위치는 물려줄 수가 없습니다. 아들은 이것들을 제대로 써보지도 못한 채 보살피고 적으로부터 보호해야 해서 두 손이 가득 무거워졌다고 느낍니다. 그에게 그 물건들은 수단이 아닌 모셔야 하는 주인입니다.

적들은 봐주지 않을 겁니다. 녹, 곰팡이, 해충, 비, 햇빛, 홍수, 불 모두 그 자체로 장악해 와서 아들을 성가시게 합니다. 이제 그는 소유자에서 이 낡거나 새로운 자산을 감시하는 파수꾼으로 강등당합니다.

이 얼마나 큰 변화입니까!

그에게는 근사한 유머 감각, 활력, 풍부한 원천이 없습니다. 그의 아버지가 가졌던 강인하고 능수능란한 손, 예리하고 지혜로운 눈, 탄력 있는 몸도 없습니다. 그의 아버지는 자연이 사랑하고 두려워했고, 눈과 비, 물과 땅, 짐승과 물고기도 모두 알고 복종했습니다.

그런데 지금 아들은 작고 보잘것없어 남에게 보호받는 사람입니다. 벽과 커튼, 스토브와 오리털 침대, 마차, 남성 하인과 여성 하인이 하늘과 땅으로부터 그를 지켜주고 있습니다. 이 모두에 의존해 자란 그는 소유 재산이 사라질까 불안하고 이를 지키려고 많은 시간을 쏟습니다. 그래서 소유물 고유의 활용도, 즉 그를 돕는 용도에 대해 잊어버리고 말았습니다. 사랑을 실천하고 친구를 돕고 하느님을 섬기고 지식을 넓히고 국가를 위해 헌신하고 자기 정서를 살피는 일을 제대로 하지 못했습니다. 지금 그는 부자로 불리지만 자신의 부를 위해 하찮은 일을 하는 사람에 지나지 않습니다.

이런 이유로 역사의 모든 흥미가 가난한 이의 행운에 쏠립니다. 지식, 미덕, 권력은 인간이 필요를 위해 얻은 승리고 세상의 지배를 향한 그의 행진입니다. 모든 사람이 자신을 위해 세상을 정복할 이 기회를 놓쳐서는 안 됩니다. 스파르타인, 로마인, 사라센인, 영국인, 미국인처럼 필요의 문턱에서 위트를 활용해 스스로 탈출해서 인간을 승리로 이끈 이들만이 우리의 관심을 끕니다.

저는 노동의 규칙을 과대평가하려는 의도가 아니며 모든 사람이 사전 편찬자가 될 수 없듯 모두 농부가 되어야 한다고 주장하는 것도 아닙니다. 일반적으로 누군가는 농부가 가장 오래되고 가장 보편적인 직업이고 아직 스스로 어떤 일에 적합한지 알지 못하면 이 일을 선호할 만하다고도 말합니다.

농장의 규칙은 모두가 세상의 일과 일차적인 관계를 맺고 직접 몸을 쓰는 것입니다. 주머니가 두둑하다고 혹은 불명예스럽거나 해로운 직업에 적합한 환경 속에서 성장했다고 이런 의무에서 벗어날 수는 없습니다. 그러므로 노동은 하느님의 교육입니다. 사람이 유일하게 진정한 학습자로 노동의 비밀을 배우고 제대로 활용해서 자연의 홀을 쟁취해 주인의 왕좌에 앉아야 합니다.

그렇다고 제가 시인, 신부, 입법자와 같은 전문 직업인들과 일반적인 학자들의 호소에서 귀를 닫은 것은 아닙니다. 설명하자면 해당 계급 내 모든 사람의 경험에서 가정을 꾸려나가는 데 필요한 육체노동의 정도가 지적인 활동보다 더 큰 비중을 차지하니 이를 업으로 삼지 않는 것입니다. 제가 알기론 아마 시나 철학에 적합한 기질을 지닌 사람은 자기 사고에 빠져 이를 강화하고 찬양할 수 있는 것으로 만들고자 여러 날을 공들입니다. 그렇기에 들판을 걷고 노를 젓고 스케이트를 타고 사냥하는, 한층 정적인 소일거리가 농부와 대장장이처럼 아주 힘들고 단조로운 일을 하는 것보다 더 낫다고 여깁니다.

이집트 신비주의자들의 공경할 만한 조언을 또렷이 기억하고 있는데 거기에선 이렇게 말합니다. "사람에게는 눈 두 쌍이 있다. 위에 있는 한 쌍이 살피는 동안 아래에 있는 한 쌍은 반드시 감아야 하고 위의 한 쌍이 눈을 감으면 아래 한 쌍은 반드시 뜨고 있어야 한다."

그러나 노동을 분리하면 예언자 자신도 힘과 진리를 어느 정도 잃을 수밖에 없다고 생각합니다. 우리 문학과 철학의 결점과 악행인, 너무 과하게 세련되고 나약하고 우울한 점이 문학 계층

속 병약함의 원인이라 믿어 의심치 않습니다. 책이 너무 근사해서는 안 되고 저자의 능력이 월등하지 않아도 괜찮습니다. 그래야 그가 쓴 내용이 그 자신과 터무니없이 달라지지 않으니까요.

궁극적인 삶의 목표가 아주 신성하고 소중하게 이루어지기 위해서는 어느 정도 완화할 필요가 있다고 생각합니다. 한 사람이 시, 예술, 사색적인 삶에 강하게 이끌려 농사에 헌신할 수 없다면 너무 늦기 전에 스스로 알아차려야 합니다. 그래서 우주의 보상을 존중하고 엄격함과 궁핍하게 생활하는 습관을 들여 경제 활동의 의무를 저버린 대가를 치러야 합니다. 이는 아주 드물고 엄청난 특권이니 세금을 내는 데 인색하게 굴어선 안 됩니다.

그는 고행자, 극빈자가 되거나 필요하다면 독신주의자로 살아도 됩니다. 서서 밥을 먹고 맹물에 썩은 빵만으로도 감사할 줄 아는 법을 배워야 합니다. 주택 내 비싼 편의시설, 대규모 손님 접대, 예술 작품 소유와 같은 호사는 다른 이의 몫으로 넘겨야 할 수도 있습니다.

천재성이 곧 친절함이며 스스로 창조한 예술 작품을 수집할 수 없다는 점도 알아야 합니다. 반드시 단칸방에 살고 방종을 경계하고 천재에게 너무 자주 일어나는 불운인 사치를 맛보지 못하도록 철저하게 마음을 다잡아야 합니다. 이것이 천재의 비극입니다. 천국의 말 한 필과 지상의 말 한 필로 황도를 달리려고 하는 시도 말입니다. 그 끝엔 오로지 불협화음과 망가짐, 마차와 마부의 추락밖에 없습니다.

모든 사람이 스스로 맹세하고 사회 기관에 문제를 제기하고 자신이 그 속에 적합한지 살필 의무가 있습니다. 우리의 삶의 방식을 들여다보면 더욱 의무를 강조하게 됩니다. 우리의 살림이 신성하고 영예롭나요? 우리를 일으켜 세우고 영감을 주나요, 아니면 우리를 불구로 만들까요? 전 제 가정의 모든 부분과 기능, 사회적 기능, 경제, 연회, 투표, 거래를 준비해야 합니다.

그렇지만 전 이 중 어디에도 개입하지 않습니다. 관습이 대신하기에 전 힘이 없고 갚아야 할 빚만 생깁니다. 우리는 페인트, 종이, 그 밖에 자잘한 것에 돈을 쓰지만 그건 사람을 위해 쓰는 돈이 아닙니다. 거의 다 관습에 순응해 나가는 비용입니다. 우리를 빚더미에 오르게 하는 건 고작 케이크 따위입니다. 지성, 따뜻한 마음, 아름다움, 숭배는 돈이 별로 들지 않습니다.

어째서 누군가는 부자가 되어야 할까요? 왜 사람은 말, 근사한 옷, 멋진 아파트, 술집, 즐길 장소가 있어야 할까요? 그저 생각만 있으면 되는데 말입니다. 그의 마음에 새로운 이미지를 주면 그는 한적한 정원 혹은 다락방으로 들어가 즐길 것이고 그 꿈이 그를 나라에서 벌게 해주는 돈보다 더 부자로 만들어 줄 겁니다.

그러기에 우선 우리는 생각이 없고, 그다음에는 돈이 없습니다. 처음에는 감각이 살아 있었지만 죽어버렸고 이내 부자가 되려고 눈에 불을 켭니다. 우리는 집으로 초대한 친구를 위트만으로 즐겁게 해줄 자신이 없어서 아이스크림을 삽니다. 친구가 카펫에 익숙하니 그가 머무는 동안 바닥에 깔린 천을 신경 안 쓸 자신이 없기에 결국 바닥에 카펫을 잔뜩 깝니다. 차라리 라케다이몬의 복수의 세 여신의 신전으로 만들어 버리세요. 모두에게 어마어마하고 신성한 곳으로 말입니다. 그러면 그저 스파르타인만 들어올 것이고 다른 이들은 바라만 볼 겁니다.

신념이 생기는 즉시, 사회가 생기는 즉시, 호두가 든 사탕과 쿠션은 노예들 것으로 남기게 될 겁니다. 비용은 창의적이고 영웅적으로 쓰일 겁니다. 우리는 딱딱한 음식을 먹고 보잘것없는 잠자리에 눕고 고대 로마인의 공동주택처럼 비좁은 집에 살 겁니다. 그러는 동안 우리의 공공건물은 로마의 건물처럼 주변 풍경과 조화를 이루고 그곳에서 예술과 음악에 대해 이야기하고 예배를 볼 것입니다. 우리는 위대한 목표를 향해 부자가 되어야 합니다. 이기적인 목표를 위해서는 가난한 이가 될 수밖에 없습니다.

이 사악함을 없애기 위해 어떻게 해야 할까요? 기술 한 가지밖에 없는 사람이 삶의 모든 편리함을 무슨 수로 정당하게 조달할 수 있을까요? 우리가 생각한 모든 걸 말해볼까요? 두 손을 열심히 움직이면 가능할지도 모릅니다. 그가 잘못 모았거나 잘못 만들었다고 가정해 봅시다. 그러면 거기서 교훈을 얻을 겁니다. 모으지도 만들지도 못했다면? 없이 살아갈 수 있습니다. 이 생각

안에 엄청난 지혜와 부가 있습니다. 없이 사는 편이 너무 큰 비용을 들이는 것보다 나으니까요.

우리는 경제의 의미를 배워야 합니다. 경제는 목표가 웅장할 때, 단순한 취향을 신중하게 가질 때, 자유, 사랑 혹은 헌신을 위해 실천할 때 고결하고 인간적인 성체가 됩니다. 가정에서 우리가 보는 경제의 상당 부분은 천한 기반에서 비롯된 것이니 눈에 보이지 않도록 하는 게 최선입니다. 오늘 먹은 말린 옥수수가 일요일 저녁 식사로 나온 통구이 옆에서는 볼품없어 보이는 것이 곧 천함입니다. 그러나 말린 옥수수가 단칸방에서, 모든 근심에서 자유롭고 고요한 상태로 마음의 소리에 귀를 기울일 수 있고 지식이나 선한 의지로 가장 낮은 임무를 수행할 준비가 된 곳에 함께 있다면 그 옥수수는 신과 영웅들을 위한 알뜰한 식사가 됩니다.

우리는 자신을 돕는 행위의 교훈을 배울 수 없을까요? 사회에는 병약한 사람이 넘치고 그들은 끊임없이 자기들을 도울 다른 사람을 찾습니다. 그들은 용케도 자기만의 안락함을 위해 사방을 힘들게 하고 우리의 발명이 아직 도달하지 않은 곳의 호화로움까지 바랍니다. 소파, 오토만, 스토브, 와인, 투계, 향신료, 향수, 승마, 극장, 오락, 이 모든 걸 원하고 필요로 하고 이런 것들이 마치 굶주림에서 벗어나게 해줄 빵인 것처럼 갈망합니다. 그중 하나라도 빠트리면 자신을 지구상에서 가장 잘못되고 끔찍한 사람으로 만들어 버립니다. 그들의 고상한 위장을 달래는 법을 배우려면 그들과 함께 태어나고 자라는 수밖에 없습니다.

한편 그들은 결코 스스로 분발해 다른 이를 도울 생각을 하지 않습니다. 절대로 그러려고 태어난 게 아닙니다! 남들을 위한 일 말고 자신을 위해 해야 할 일이 한참 더 많이 있다고 생각합니다. 그러면서 자신의 삶이 얼마나 끔찍한지 인식하지 못하고 더 밉상이 되어 불평과 욕망만을 신랄하게 늘어놓습니다.

원하는 것이 적고 늘 스스로 얻으며, 욕심부리지 않고 남에게 줄 것을 남겨 두는 것만큼 우아한 행동이 있을까요? 남에게 넉넉하게 대접받는 것보다 자신의 필요를 직접 충족하는 쪽이 훨씬 우아합니다. 현대 사회에서 일부 사람에게는 고상하게 보이지 않을지라도 이것은 영원히 오래 지속되는 우아함입니다.

저는 개혁에 있어서 터무니없는 소리를 하거나 잘난 척하려는 것이 아닙니다. 제 주위에서 벌어지는 상황을 신랄하게 비판해서 자살하고 싶게 만들거나 문명사회의 혜택에서 완전히 고립되려고 하는 것도 아닙니다. 우리가 갑자기 자리에서 일어나 이렇게 말한다면 어떨까요. "난 정직하지 못한 음식이나 옷감에 손을 대거나 입거나 먹거나 마시지도 않을 거야. 평생 깨끗하고 이성적인 사람하고만 거래하겠어." 그러면 계속 그 자리에 서 있어야 할 겁니다. 안 그런 사람이 있을까요? 전 그렇지 못하고 여러분도 마찬가집니다. 누구도 그렇게 할 수 없습니다.

하지만 우리는 자신에게 반드시 물어야 합니다. 공공의 이익을 위해 에너지를 열심히 소모하며 오늘 밥을 먹을 자격을 얻었는가? 날마다 돌 하나를 똑바로 놓아서 명백한 잘못을 고치려는 습관을 계속 들여야 합니다.

그런데 지금 우리 사회를 흔들기 시작하는 사상은 일상적 배치, 가정, 자산의 구성보다 더 큰 범주에 있습니다. 우리는 사회 구조, 국가, 학교, 종교, 결혼, 무역, 과학 전체를 개정하고 인간 본성에 맞춰 토대를 살피고자 합니다. 예전 인류에게 맞춘 세상을 보면서 그 속에서 살아가고 있지만 우리 마음속에 뿌리내리지 않은 일상적인 관습들을 분명하게 정리할 필요가 있습니다.

사람은 개혁가, 인간이 만든 세상의 재창조자가 되기 위해 태어났습니다. 거짓을 버리고 진실과 선을 회복하고 우리 마음속에 들어와 있는 위대한 자연을 모방하는 사람이 되어야 합니다. 자연은 지난 과거에서 잠시도 졸지 않고 매 순간 스스로 고치며 우리에게 매일 새로운 아침을 주고 새로운 삶의 맥이 뛰게 합니다.

인간에게 진실이 아닌 모든 걸 버려야 합니다. 가장 먼저 떠오르는 생각을 실천하고 이성적으로 세상에 도움이 되지 않는 것이라면 아무것도 하지 않아야 합니다. 그래서 불편하고 그 과정에서 망할지라도 그건 우리가 너무 무기력하고 불구였던 까닭입니다. 성스럽고 신비로운 삶에 일상을 더하려는 노력의 한 부분으로 그깟 죽음의 악취 따윈 견뎌야 할 것입니다.

한때 개혁의 모든 노력에 있어서 스프링이자 조절 장치였던 힘은 인간 안에 영원한 가치가 있다는 확신에서 비롯되었습니다. 가치는 부름에 따라 등장하고 특정 개혁은 일부 장애물을 제거해 줍니다. 우리 안에서 인간의 명예를 드높이는 일이야말로 가장 높은 의무가 아닐까요?

　누가 엄청나게 넓은 땅을 가지고 있다고 해서 제 앞에서 부자 행세를 하도록 내버려 두지 않을 겁니다. 그의 재산은 저와 아무 상관이 없다고 느끼게 만들 겁니다. 그래서 편안함이든 자부심이든 무엇으로도 매수할 수 없다고 말입니다. 제가 돈 한 푼 없고 그에게 빵을 얻어먹는 신세라도 그는 제 옆에서 가난한 사람입니다. 그리고 동시에 한 여성이나 아이가 신앙심을 발견하거나 저보다 더 올바른 사고방식을 가지고 있다면 제 생활 방식을 통째로 바꿔야 한다고 해도 존경과 복종을 고백할 것입니다.

　미국인들은 많은 미덕을 가지고 있지만 신앙심과 희망이 없습니다. 이 두 단어가 아예 눈앞에서 사라진 듯합니다. 우리는 이 두 단어를 마치 셀라나 아멘처럼 구식으로 여기고 있습니다. 그렇지만 이들 단어에는 아주 폭넓은 의미가 있고 1841년 보스턴에서 가장 설득력 있게 적용되었습니다.

　미국인들은 신앙심이 없습니다. 그들은 돈의 힘에 의존합니다. 그들은 정서에 둔감합니다. 그들은 사람을 모으듯 쉽게 북풍을 불러올 수 있다고 생각합니다. 학자나 지성인 집단이 가장 신앙심이 취약한 계층입니다. 지금 제가 진정한 현자이자 친구, 시인, 성실한 청년과 대화를 나눈다면 어떨까요? 여기서 성실한 청년이란 세속의 때가 묻어 우리 모두를 관습의 바퀴로 끌어내리는 사회 구성원이 아닌 자기만의 순수한 생각을 가진 인물을 뜻합니다. 그러면 전 곧장 신앙심 없는 이 세대가 얼마나 보잘것없는지, 그들의 사회는 사상누각으로 지은 집에 불과하다는 걸 알아차릴 것입니다. 그리고 용감한 사람과 위대한 하나의 생각이 얼마나 큰 영향을 미치는지 알 수 있을 겁니다.

　모든 이론에서 실증론자를 믿지 못하는 이유는 그가 우리가 쓰는 도구를 인식하지 못하기 때문입니다. 그는 이렇게 말합니다. "당신들이 무슨 도구로 세상을 짓겠다는 겁니까?"

　제아무리 최고의 목수나 엔지니어의 도구, 화학자의 연구실, 대장장이의 용광로가 있어도 우리는 대기, 강, 숲이 있는 행성을 만들 수 없습니다. 마찬가지로 어리석고 병들고 이기적인 남성과 여성들로는 그토록 떠들어 대는 천국의 사회도 만들 수 없습니다.

　그러나 신앙심이 있는 사람은 자신의 천국을 가능하게 할 뿐 아니라 이미 천국이 존재하기 시작했다고 믿습니다. 정치인들이 사용하는 소재나 사람이 아니라 원칙의 힘에 의해 스스로 일어나고 변화한 사람들이 그렇게 만듭니다. 그 원칙은 편의의 힘을 넘어섭니다.

세계 연보에서 위대하고 위엄 있는 모든 순간은 열정의 성취에서 나왔습니다. 볼품없고 부족하게 시작했지만 한두 해 만에 로마보다 더 큰 제국을 세운 마호메트 이후 아랍의 승리를 본보기라 하겠습니다. 그들은 무엇을 하는지 알지 못한 상태로 그렇게 했습니다. 아이디어에 올라탄 나체의 데라족이 로마 기갑 부대를 거뜬히 물리쳤습니다. 그 여성들은 남성처럼 싸웠고 로마 남성을 정복했습니다. 그들은 제대로 장비를 갖추지 못했고 잘 먹지도 못했습니다. 그들은 금욕적인 부대였습니다. 브랜디도 여자도 필요하지 않았습니다. 그들은 보리를 먹고 아시아, 아프리카, 스페인을 정복했습니다.

칼리프 오마르의 산책용 지팡이는 그걸 본 사람들에게는 다른 누구의 검보다 더 큰 공포였습니다. 그는 고작 빵만 먹었습니다. 소스는 소금이었고 절제를 위해 자주 소금 없이 빵을 먹었습니다. 그의 음료는 물이었습니다. 궁전은 진흙으로 지었고 메디나를 떠나 예루살렘을 정복하러 갈 때 그는 붉은 낙타에 올라타고 안장에 나무 접시, 물 한 병, 자루 두 개를 매달았습니다. 한 자루에는 보리가, 다른 자루에는 말린 과일이 들어 있었습니다.

그러나 우리의 정치, 삶의 태도에도 여명이 들 것입니다. 아랍인들의 신앙심보다 더 고상한 아침이 사랑이란 감정과 더불어 찾아올 것입니다. 사랑은 모든 아픔의 치료법이자 자연의 만병통치약입니다. 우리는 반드시 사랑하는 사람들이 되어야 하고 그러면 곧바로 불가능이 가능해집니다. 우리 시대와 역사는 수천 년을 지나오면서도 자비가 아닌 이기심의 역사였습니다. 우리의 불신은 아주 값비쌉니다. 법원과 감옥에 돈을 들이는 건 아주 잘못된 일입니다. 우리는 불신으로 도둑, 강도, 방화범을 만들었고 법원과 감옥에 그들을 가두어 둡니다.

한 계절 동안 기독교 전역에 걸친 사랑의 정서를 포용하면 범죄자들과 전과자들은 눈물을 흘리며 우리 편으로 돌아와 자신의 능력을 우리에게 헌신할 겁니다. 육체노동을 하는 남성과 여성으로 이루어진 이 커다란 사회를 보세요. 우리는 그들의 돌봄을 받으면서도 그들과 떨어져 살고 거리에서 만나도 인사하지 않습니다. 우리는 그들의 재능을 환영하지 않고 그들의 행운에 기뻐하지도 않고 그들의 희망을 키워주지도 않으며 그들에게 중요한 것을 위해 투표하지도 않습니다. 그렇게 우리는 세계의 근간에 있던 이기적인 귀족과 왕을 연기하는 중입니다.

보십시오, 이 나무는 늘 과일이 하나만 열립니다. 모든 가정에서 부부가 주는 평화는 악의, 교활함, 게으름, 가정 내 소외감에 중독되었습니다. 두 명의 기혼 여성이 만나서 대화를 나눈다고 생각해 보세요. 그들의 주제가 얼마나 빨리 도우미의 문제로 넘어가는지 알고 놀랄 겁니다. 노동자 무리 속에서 부자는 자신이 그들의 친구가 아니라고 여깁니다. 투표소에서 그는 노동자들이 자신과 상반된 입장이라는 걸 확인합니다.

우리는 정치의 배후에 설계자가 있으며 그들이 정의와 공공 복지가 아닌 자기 잇속만 채운다고 불평합니다. 그러나 사람들은 무시당하는 하층 계급 출신이 대표자가 되거나 자신들을 통솔하길 원하지 않습니다. 그저 그 사람들을 위해 투표하는 건 친절한 목소리와 겉모습을 보이라는 사회적 요청 때문입니다. 그렇다고 그들을 위해 오랫동안 투표하지 않을 겁니다. 어쩔 수 없이 위트와 정직성을 선호할 수밖에 없습니다. 이집트식 비유를 활용하자면 '야수의 손톱을 기르고 신성한 새의 머리를 짓누르는 것'이 그들에겐 장기간의 의지가 아닙니다.

우리의 애정을 주변인들에게 나누어 줍시다. 그러면 어느 날 개혁의 가장 위대한 순간이 나타날 것입니다. 북풍보다 햇살인 체계에서 일하는 쪽이 좋습니다. 국가는 반드시 가난한 사람을 살피고 그들을 위해 모든 목소리를 내야 합니다. 태어난 모든 아이가 공평하게 자기 몫의 빵을 얻어야 합니다. 부자의 양보를 통해 부동산 법을 개선해야지, 가난한 이의 것을 빼앗으면 안 됩니다. 일상적으로 나눔을 시작해야 합니다. 누구도 자기 몫 이상을 가져서는 안 된다는 평등의 규칙을 이해할 때 사람은 가장 부유해질 겁니다. 내가 사랑받고 있다고 느끼게 해보세요. 세상이 나를 위해 더 좋아지기에 그 보상으로 나도 더 잘 행동하게 해보세요.

사랑은 이 지치고 낡은 세상에 새로운 얼굴을 보여줄 겁니다.

우리는 이단과 적과 너무 오래 같이 살아왔습니다. 정치인의 헛된 외교술, 육군과 해군과 방어선의 무능력함이 재빨리 이 무장하지 않은 아이들로 대체되는 모습을 보면 가슴이 따뜻해질 겁니다. 사랑은 가지 못하는 곳까지 침투하고 힘으로 얻을 수 없는 방법으로 성취할 겁니다. 그 자체가 지렛대, 받침점, 힘이 되어서 말입니다.

늦은 가을 아침, 숲속에서 가녀린 균류 혹은 버섯처럼 전혀 견고하지 않은 식물로 그저 부드러운 죽이나 젤리처럼 보이는 것들이 믿기지 않을 정도로 끈기를 가지고 천천히 밀고 나와 서리가 내린 땅을 뚫고 올라 실제로 단단한 지표면에 머리를 드러낸 걸 본 적이 있나요?

이것이 친절의 힘을 상징합니다. 인간 사회의 가장 큰 이해관계에 적용해 보면 이 원칙의 미덕은 쓸모없고 잊혔습니다. 역사에서 한두 번쯤 귀중한 성공을 이룬 유명한 예시가 있긴 합니다. 이 거대하고 너무 많이 자란 우리의 죽은 기독교 국가들은 인류를 사랑한 사람의 이름을 아직 잘 간직하고 있습니다. 그러나 언젠가 모든 인간이 사랑을 가진 사람이 될 겁니다. 그러면 모든 재앙은 우주의 햇살 속으로 녹아 없어지겠지요.

개혁하는 인간의 초상에 한 가지 특성을 더해도 될까요? 정신세계와 실제 사회 사이의 중개자는 반드시 먼 미래를 내다보는 신중함을 가져야 합니다. 한 아랍 시인이 자신의 영웅에 대해 이렇게 묘사했습니다.

　겨울에는
　그가 바로 햇살이었고,
　한여름에는
　그가 바로 서늘함과 그늘이었네.

　자신과 남을 돕는 사람은 충동적이고 불안정하게 미덕을 행하지 않고 꾸준하고 절제하고 변하지 않아야 합니다. 역사 속에서 우리는 세상을 축복하기 위해 그런 인물들이 여기저기 출현했던 걸 목격했습니다. 자기 본성의 축이 단단한 사람은 제분기의 플라이휠처럼 모든 바퀴에 똑같이 움직임을 분포하는 품격을 보입니다. 그래서 파괴적인 충격에 한쪽으로 치우치지 않고 갑작스러운 사태를 버텨냅니다. 즐거움이 집약되어 무아지경에 빠져 그 반응으로 위험천만해지는 것보다 힘이 종일 골고루 분산되는 편이 낫습니다.

　숭고한 진중함은 인간에게는 가장 높은 경지입니다. 먼 미래를 믿으며, 지금보다 더 많이 올 것을 확신하면서 현재의 이 순간을 인생 전체를 위해 미룹니다. 재능을 미루어 천재가 되고 그렇게 성품에 특별한 결과를 더합니다. 상인이 수입의 일정 부분을 떼어 자기 자본에 더하듯이 위대한 사람은 특별한 힘과 재능을 기꺼이 잃음으로써 자기 인생을 높입니다.

영적 감각이 열리면 인간은 더 큰 희생을 치르려고 합니다. 특별한 재능을 내려놓고 현재의 성공을 보장하는 최고의 수단과 기술, 권력과 명성까지 포기합니다. 이 모든 걸 뒤로 한 채 신성한 대화를 향한 채울 수 없는 갈증을 느끼며 앞으로 나갑니다. 더욱 순수한 명예, 더 큰 힘이 그의 희생을 보상해 줍니다.

이것이 우리의 수확을 씨앗으로 바꾸는 일입니다. 농부가 땅을 일구고 가장 좋은 곡식 낟알을 뿌리듯 우리에게도 때가 올 것입니다. 아무것도 움켜쥐려 하지 않고 기꺼이 가진 걸 내놓으면 지금 소유한 것보다 더 많은 것을 수단과 힘으로 바꿀 수 있습니다. 그때가 오면 우리는 해와 달을 씨앗으로 삼아 뿌리게 될 겁니다.

작가 연보

1803년 5월 25일, 매사추세츠주 보스턴에서 태어나다.

1811년 아버지 윌리엄 에머슨 목사가 사망하다.

고모 메리 무디 에머슨에게 셰익스피어와 낭만주의 문학, 자연에
대해 배웠으며, 고모 무디의 교육이 에머슨에게 큰 영향을 끼치다.

1812년 보스턴 라틴 학교에 입학하여 공식적인 학교 과정을 시작하다.

1817년 하버드대학교에 입학하다.

이때부터 일기를 쓰기 시작하여 평생 계속하다.

1821년 하버드대학교를 졸업하다.

형 윌리엄 에머슨이 운영하는 신부학교에 교사로 취업하다.

1826년 목사 자격을 취득하다.

1829년 보스턴 제2교회 목사로 임명되다.

뉴햄프셔주 콩코드 출신의 엘렌 루이자 터커와 결혼하다.

1831년 결혼생활 1년 5개월 만에 아내 엘렌이 사망하다.

1832년 보스턴 제2교회 목사직을 사직하고, 유럽으로 건너가다.

1834년 자연의 역사에 대한 강의를 다니다.

이후 매년, 위인들의 전기, 영국 문학, 자연의 철학, 인간의 문화, 인
간의 삶에 대해 강연하다.

1836년 《자연》을 출간하다.

1841년 '개혁하는 인간'이라는 제목으로 강연하다.

〈자기 신뢰〉가 실린 《제1 에세이》를 출간하다.

1844년 《제2 에세이》를 출간하다.

1846년 《시집》을 출간하다.

1849년 《자연 : 연설과 강연들》, 《대표적 인간》을 출간하다.

1856년 《영국인의 특징》을 출간하다.

1860년 〈운명〉이 실린 《인생의 처세》를 출간하다.

1870년 《사회와 고독》을 출간하다.

1882년 4월의 어느 날, 비를 맞으며 산책하다가 폐렴에 걸려 4월 27일 사
망하다.

자기신뢰

운명·개혁하는 인간

초판 1쇄 인쇄 2023년 11월 20일
초판 1쇄 발행 2023년 11월 27일

지은이 랄프 왈도 에머슨
옮긴이 공민희
펴낸이 이효원
편집인 음정미
마케팅 추미경
디자인 문인순(표지), 이수정(본문)
펴낸곳 올리버
출판등록 제395-2022-000125호
주소 경기도 고양시 덕양구 삼송로 222, 101동 305호(삼송동, 현대헤리엇)
전화 02-381-7311   **팩스** 02-381-7312
전자우편 tcbook@naver.com

ISBN 979-11-93130-28-5 03190

* 값은 뒤표지에 있습니다.
* 잘못된 책은 구입하신 서점에서 바꾸어 드립니다.

* 도서출판 올리버는 탐나는책의 교양서 브랜드입니다.